踏上成佛之道

金剛經講記

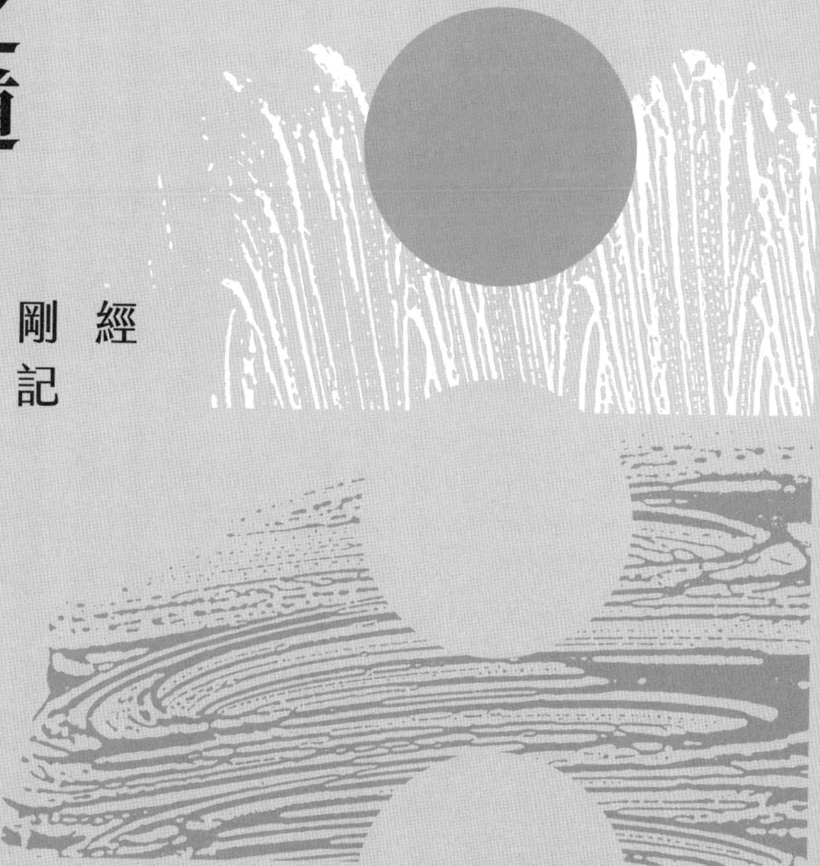

釋寬謙——著

〔自序〕妙解般若金剛慧

般若經典揭櫫宇宙人生現象中的遊戲規則，也就是真理法則，諸佛依真理法則修行而成佛。般若是諸佛之母，般若智慧則是學佛向上提昇的關鍵。如果真正了解般若，掌握佛學中最核心而精華的智慧，就能更加明白世間的種種現象，而淡定面對。了解般若是習性的大翻轉，因為自性妄執是與生俱來的習性，難以突破。但是今生的當下努力，可喚醒宿世的善根因緣與智慧資糧，甚至影響到未來世。菩薩不就發了世世常行菩薩道的大願嗎？我們每一世的色身壽命都有限，但透過因緣流轉，而能延續法身慧命，真可謂是無量壽了。菩薩道六度萬行，五度如盲，般若為導，般若就是引導著修行道路的慧眼。

般若經典的字裡行間，充滿了否定式的符號：不、無、空、非……，乃至涅槃的現前；修行最大的關鍵就是因緣，因緣絕無「不變」、「獨存」與「實有主宰」的自性，這三種自性是我們妄執出來的，為破除自性故稱為「性空」。也因為所有現象都是性空，更彰顯了所有因緣皆平等的特質。否定符號並非否定現象的存在，而是要放下對現象的執著，理解追求實有、不變的現象是不可得的。因緣能貫穿一切現象，空間上的所有現象皆無常，都是因緣和合而緣生，因緣離散而緣滅；時間上的生命流轉，也是因緣和合而暫活於世，因緣離散而亡，透過因緣串起生生不已的生命之流。

所謂無住生心，是了知世間一切法不可得，以無所求、無所得的心來修行，「只問耕耘（因緣），不問收穫（果報）」，放下自性妄執，才能逐漸提昇生命的高度。從凡夫有我相、人相、眾生相、壽者相中，突破、放下自性妄執，才有機會得見諸法實相，抵達無我相、無人相、無眾生相、無壽者相的聖者境界，無相即是無差別相，也就是平等相，從性空而達到相空。

諸法實相即是空相，因為本質是空，所以現象也是空。空相並非空空如也的不存在，而是平等平等、中道不二之相。唯有不執著二邊現象，才能究竟平等。我們的生活正因落於相對的兩邊，執著有生有滅、有垢有淨、有增有減的現象，於是不斷地二邊打轉，計較貴賤、高低、美醜，而不得自在。不二是放下自性妄執，弭平了因為執著所形成的差別與不平等，達於聖者的平等境界。《金剛經》中有個基本句型：「佛說某某，即非某某，是名某某」，前兩句是般若的「緣起、性空」，後兩句是「性空、唯名」，透過性空的連結，可從肉眼見到現象的無常相，深觀因緣法的空性，打造智慧之眼，認清世間一切法都是不可得，都是過眼雲煙罷了。所有名相不過是人心所賦予，方便溝通而已，有什麼值得我們戀戀不捨呢？「一切有為法，如夢幻泡影，如露亦如電，應作如是觀」！

本書共分為三篇，第一篇為導論：〈學般若開啟生命智慧〉，導讀《金剛經》在般若系思想中的重要性。法性空慧的否定式符號，專門針對因緣的平等性而言，並非否定現象。唯識系擅長於闡述因緣和合出來的各種現象，雖和般若系的自性定義不同，但都是根據因緣法而來，般若系重法性空慧，唯識系重法相變化，正互補了彼此的不足。

第二、第三篇進入經文的修行架構：二道五菩提。第二篇〈般若道——以智慧導航慈悲〉，佛陀以般若道，引導凡夫透過性空觀察一切法，由發心菩提，經過伏心菩提，達於聖者的明心菩提，親證諸法實相的現前。「般若將入畢竟空，絕諸戲論」，聖者所見諸法實相現前，是無法言說的。之後聖賢菩薩就會「方便將出畢竟空，嚴土熟生」，進入方便道。第三篇〈方便道——以慈悲導航智慧〉，以明心菩提為勝義諦上的發心，修行是嚴土熟生的出到菩提，圓滿成佛即究竟菩提。相對於般若道是世俗諦上的發心、修行、證果，方便道則是勝義諦上的發心、修行、證果。因此，未理解前會覺得經文後段似乎重複，理解後便能明白，這是因為世俗諦與勝義諦高度上的不同，需要藉由二諦的中道不二，才能究竟圓滿成佛。

《金剛經》如同金剛鑽的般若智慧，能斬斷無始劫來自性妄執的無明煩惱、生死輪迴之苦，讓我們能在菩薩道上悲智雙運、世出世入自在無礙。就讓我們從凡夫菩薩的起步，好好地來學習成佛之道！

釋寬謙

目錄

表目錄

圖目錄

〈第一篇〉

學般若開啟生命智慧

一、般若的智慧眼

座右銘是人生智慧語，能讓人遇到困難時，醍醐灌頂，轉危為安。《金剛經》有許多經典名句，自古以來，上至帝王之家，下至尋常百姓，皆能琅琅上口。比如：「一切有為法，如夢幻泡影，如露亦如電，應作如是觀。」「過去心不可得，現在心不可得，未來心不可得。」「凡所有相，皆是虛妄，若見諸相非相，則見如來。」

即使無法將《金剛經》做為每日定課，在心慌意亂時，默誦相應的經句，熟讀如咒語，相信都能達到安定身心的功效。《金剛經》也說持誦經中四句偈的功德，遠遠超過布施恆河沙七寶的功德。因此，讀誦《金剛經》能夠福慧雙修，以培福結善緣，以智慧斷煩惱。

禪宗六祖惠能一聽聞「應無所住而生其心」便悟道，《金剛經》也說一切諸佛及成佛妙法皆從此經出，然而，為何我們讀了千百遍卻未能轉凡成聖？莫非經中還暗藏什麼沒有道出的玄機？

（一）破解人生棋局

眾生皆有佛性，人人都能成佛，只因妄想執著，不能證得。《金剛經》的般若智慧，正是釋迦牟尼佛為破解眾生的妄想執著而說，讓我們可以轉迷為悟，學佛成佛。

1.法相和法性的真理法則

「佛法」是佛與法的結合。「佛」是從自覺、覺他到覺行圓滿的大覺者；「法」的定義為常遍的軌律，具本然性、安定性及普遍性，被稱為盡虛空界的真理法則，也就是宇宙人生的遊戲規則。釋迦牟尼佛累劫宿世依法修行，行菩薩道，圓滿成佛，讓法得以流行於人間，「佛為法本，法由佛出」，所以尊稱為「佛法」。

「法」可分成「法相」和「法性」兩大部分。「法相」是肉眼所見的種種現象，「法性」則是一切法的理則，是構成種種現象之前的因緣法則。這些因緣條件既深且細，並非眼前所能見，卻曾經存在過。比方認識一個人的長相很容易，可依據其高矮、胖瘦、美醜等，也可數字化為身高、體重、三圍等，但這些都只是表相。如擇偶時，就不能僅從外相來決定最後的婚嫁，雙方的相處、家庭背景、教育程度、人品修養等，這些因緣條件也非常重要。

「性空」是通徹一切現象的最深層因緣法則，輕鬆以譬喻說，就是「遊戲規則」，嚴肅正確說，則是「真理法則」。透過性空的因緣法則，呈現出千變萬化的世間現象。若是懂得宇宙人生性空的因緣法則，就看懂了世間「緣起即緣生、緣滅」的無常現象。所以聖嚴法師教大家要以「四它」來解決人生困境——面對它、接受它、處理它、放下它。已然形成的果報現象，是逃避不了的，只能勇敢地面對、接受它。接受生命的不圓滿是一種智慧，透過深觀因緣的智慧，以性空的般若智慧去處理，將能活出自在的人生。

2. 讀懂人生的遊戲規則

印度的大乘佛教，分為般若、唯識、真常三大系。般若系重「性空」，唯識系重「相有」，兩者相輔相成。般若系非常重視因緣條件，雖然因緣看不到、摸不著，卻是形成果報現象之前的種種條件。唯識系則詳於描述現象，注重果報現象，換句話說，是透過種種因緣條件成熟而形成的現象。

因緣條件是一種遊戲規則，從而形成千變萬化的果報現象，般若系的「性空」就是講因緣條件，也就是遊戲規則。每一種比賽都有遊戲規則，裁判、參賽者和觀眾都依著遊戲規則進行，但是每一場的賽況都是千變萬化。因此，我們必須要懂得規則，才能看懂比賽的精彩處。宇宙人生也是如此，真理法則就如同遊戲規則，我們如果不懂得遊戲規則，就看不懂宇宙人生的各種現象，因而各起執著，衍生出無盡的痛苦煩惱，從而生死輪迴不已。

人生如同棋局，當局者總是迷陷於其中。無論是跳棋、象棋、圍棋等都有其遊戲規則，大家必須根據遊戲規則才能比賽。裁判或參賽者根據遊戲規則，冷靜地進行，但是比賽所呈現的輸贏現象，往往會牽動參賽者或觀眾的情緒，因而必須「觀棋不語真君子」，方不會「公親變事主」影響比賽。一旦落入現象，就受到影響，會「情執於相」。正如裁判必須非常冷靜理性，才能不被現象左右，所以我們要透過佛法學習「以智導情」。

學習佛法，要如大禹治水採取疏通水道的方法，才能奏效，不是用截斷水流的方式來處理煩惱，因為「抽刀斷水水更流」。我們每個人生來就有「俱生我執、法執」的習性，今生又都活在「分別我執、法執」當中，因此常偏於感性而缺乏理性，理性是根據宇宙人生的真理法則而來，也就是「遊戲規則」。

掌握性空的般若智慧緣起理則，可引導我們破解人生棋局，斷除煩惱、解脫生死，般若經典是佛教最核心的真理法則，《金剛經》則正是般若經典的代表。

3. 法性空慧觀無我

般若經典的思想精髓——法性空慧，是佛陀教導我們的智慧。觀法性，須有慧眼；肉眼所見的是法相，又稱相有。有些人誤以為「相有」和「性空」是對立、矛盾的，其實不然，在相有的同時，也是性空的。在現象上，確實有「我相」，為什麼佛陀卻教導我們要以「無我」的智慧來對應？因為「無我」並不是否定我相的存在，而是提醒我們：「我相」是由眾多因緣和合緣生出來的，也將隨眾因緣變化離散而老化、生病，乃至於死亡。

日常生活中，我們往往只看到表相，卻看不見形成現象背後的眾多因緣，因此常會抱怨命運不公平。感嘆他人天生富貴命，含著金湯匙出世，自己卻一生勞碌，命運多舛。肉眼看到的現象可能不公平，其實因緣法是最公平的。試想，若非宿世努力耕耘的善因善緣，今生如何投生富貴人家？若非前世的慳貪習性，不知慷慨布施以廣結善緣，如何落得今世貧賤勞苦的果報？如能研讀般若經典，善觀因緣法，我們將會明瞭生命流轉的來龍去脈，也就如同打開了智慧之眼。

（二）打造慧眼破除自性妄執

很多人讀《金剛經》，都希望能智慧大開，而開智慧的關鍵，必須理解因緣法。佛法不共世間法的最大特色，即是因緣法。般若經典專門探究「緣起性空」的因緣法，宇宙人生的一切現象，都離不開緣起性空的法則。

1.因緣不具三自性

所謂現象，就是果報現前。果報源自諸多的執著，最深細的執著是「自性妄執」，促使因緣條件的和合，眾多因緣一旦成熟，便「緣生」出果報現象，經過時間的流逝，自性妄執的力量逐漸消失，因緣也會逐漸離散，果報現象隨著「緣滅」而消失。

因緣法否定三種特性：不變性、獨存性、實有主宰性。若具有這三種特性，即名為顛倒自性，因為三自性是我們與生俱來的妄執習性。正因為因緣不具有三自性，我們卻妄執為有，所以名為「自性妄執」，佛法以「空」來否定對「自性」存在的「妄執」，稱為「性空」。這是透過深入因緣法性，所產生的智慧，名為「法性空慧」，即佛法最核心、最究竟的般若智慧。

2. 慧眼和肉眼的差異

佛教的緣起觀，是講果報的緣生與緣滅的現象。比方大家參加《金剛經》課程，就是因緣和合而生的一種現象，上課是緣生的現象，下課則是緣滅的現象。雖然呈現的是大家安靜聽課的現象，變化的因緣卻從不暫歇。每個人看起來都很專心，其實心裡都在東想西想，一個個忙碌的念頭不斷地緣生、緣滅，所以上課過程是處於動態的因緣變化。這些因緣變化只能以慧眼看透，肉眼是無法看見的。

慧眼和肉眼所見的差別關鍵，在於是否明白緣起性空。肉眼只能見到緣起法，也就是緣生與緣滅的無常現象；慧眼則能深觀因緣的特性為性空，深細地透視一切現象皆是因緣所生，並將隨因緣變化離散而滅。

般若系所講的「自性」，否定了不變性、獨存性、實有主宰性三種特質。我們如果不懂這三種自性特質是不存在的，就看不懂整個宇宙人生間的種種變化，甚至會將此三種特質歸為萬能的神，認為是永恆不變的、獨存的，並能創造和主宰世間的一切現象。

3.否定式的符號否定自性

《心經》說：「無眼耳鼻舌身意，無色聲香味觸法。」一般人很難接受這種否定式的說法，習慣肯定式的說法：「有眼耳鼻舌身意，有色聲香味觸法。」從現象面來看，確實常用肯定式的說法，如唯識系說「有眼耳鼻舌身意，有色聲香味觸法」。《心經》為什麼要採取否定式的說法？

《心經》的「無」字，不是否定現象，而在強調「性空」，說明我們的眼、耳、鼻、舌、身、意，是由眾多的因緣和合，並非固定不變的。如果因緣具有獨存性，就表示它可以不變，我們就會誤以為是實有的，進而想要主宰。

什麼原因形成我們今生的生命？今生是來自過去生的「俱生我執」、「俱生法執」，這兩種執著就是「自性妄執」。自性妄執是很難改變的，比方人們都習慣追求單一、不變的感情，其實並非如此，感情是互動的，而非自己所能主宰，當然也沒有永恆不變的實有感情。正由於自性妄執，所以會讓我們受到現象的束縛，煩惱不已。故要從因緣去破解，觀性空，才能解開無始劫以來的束縛。

「法性」即空性，能通徹一切，比較難以理解，「法相」則相對比較容易，因為我們生活的經驗都屬於法相。法性，就像認識一個人，不能只看他的外相，選舉時，選民不能只憑參選人的外相來決定投票，還要多方了解參選者的政見，聽其言、觀其行，才能決定對方是否為合適的人選。因此，理解法性比較困難，尤其是其否定式符號。例如：「不」、「無」、「空」、「非」等。這類的否定式符號，都是在談因緣，而不是解說現象。

性空的真理法則，通徹一切，超越時間、空間的限制。在時間方面，我們今生學習般若，來世學習真理法則，一樣是學習性空法則，不受時間的束縛。在空間方面，今生我們在娑婆世界學習性空法則，來世往生西方極樂世界，一樣還是要學習性空法則。但如果是某定律，比如牛頓定律，則會受限於某種物理條件之下，才能合乎某定律的規則。真理法則卻非如此，不僅上輩子和這輩子所學的真理法則，內容是相同的，即使下輩子再學習也是一樣，始終都是「性空」法則。

即使是佛教教主，釋迦牟尼佛也不例外，佛陀不是唯一、不變的，這正是佛法的殊勝之處。佛陀從不說自己是唯一、不變、萬能的主宰者，甚至還說「人人都可以成佛」。不僅現在世的我們，人人都可成為未來的佛陀，而現在的佛陀，也能廣遍十方不同時空，所以十方世界都有無數的佛陀。此外，我們所處的娑婆世界以釋迦牟尼佛為導師，他所教導的真理法則不只適用在我們這個世界，即使在西方極樂世界、東方淨琉璃世界等佛國世界也是如此，「性空」的真理法則，遍及十方三世一切國土。

（三）空性即是平等性

「性空」是從因緣的特性來講，「緣起」是從事相的現象而說。從緣起看事相，可以看到緣生和緣滅，可是在緣滅之後，肉眼就看不見了，只有慧眼得見。其實緣滅之後，只要執著仍在，還可能繼續緣生。比如今天下課後，上課的現象就緣滅了，但因表訂明天課程，所以明天仍將繼續緣生。這也就是說，雖然我們的肉眼看不到明天上課的現象，透過第六識卻可預期明天還會繼續緣生。

我們修學佛法，有沒有執著的成分呢？有，只不過它是善法欲，屬於比較正面的執著。一般來說，我們的執著心，不是想要放下就能放下，但是可以從負面的情執，逐漸地轉成正面的擇善固執，然後再練習「以智導情」慢慢地放下。最後，要連對正面的執著也要放下，才能達於聖者純善的境界。否則，只要有執著，就有雜染。

現象是從因緣和合而生，但為什麼也會隨因緣離散而消失？此正由於因緣不具有不變性、獨存性、實有主宰性的三種特性，否定這些特性，即是平等。一切因緣都是平等平等，善惡因緣平等，善念、惡念也是平等。

因緣是平等的，無論出生富貴或貧賤，都不會阻礙個人當下的努力，都可經由努力耕耘善因善緣，改善未來。窮人家的孩子，有時反而能讓人鍛鍊得更堅強、更奮勇向上。因緣的特性是平等的，只不過因為不同的因緣，組合出不同的現象，所以從現象看，似乎不公平，其實因緣性空，就是平等。

我們常常感覺世事不平等，因為自性妄執是與生俱來的，難以祛除。要能否定自性妄執，需有相當的慧根，要不斷提醒自己懂得放下。

從凡入聖，要透過否定式的思維模式來否定自性妄執。我們的思考模式愈是肯定的執著有相，執著的包袱就愈重。這種自性妄執，不但是自己妄執出來的，而且是與生即有的俱生我執、法執。因此，我們的一生，往往習慣用分別我執、法執看待一切現象。如果能夠透過性空來破除自性妄執，透過理解來接受因緣的平等性，便能撫平忿忿不平的心，不再抱怨現象的不公平。

（四）慧眼透視顛倒世界

我們現在用肉眼執著看到的現象為不變、獨存、實有主宰性，其實是顛倒相，而非實相。因為肉眼看不到諸法實相，所以我們一直深陷在有生有滅、有垢有淨的無常現象裡。涅槃是真理現象，為什麼稱涅槃寂靜？因為性空平等故寂靜。

一般人忿忿不平時，心就不寂靜。這是由於第七識以自我為主，是雜染的、錯誤的，所以當我們從自性妄執出發看事論理，就會各說各話，「公說公有理，婆說婆有理」，因為我們堅持的都只是外相，是從無明而產生情執的顛倒相，因而所見的是顛倒世界。

1.不平等的相來自內心的不平等

一般人看到的都是現象上的差別相，所以有我相、人相、眾生相、壽者相。《金剛經》說無我相、無人相、無眾生相、無壽者相，使用「無」字，不是要這些相消失，而是指出這些相，其實是無差別相，都是平等相，如聖者所驗證的「諸法實相」，即平等平等相。佛法講的「無」不是「沒有」，「空」不是「空空如也」，而是一種否定的符號，這是放下自性妄執，讓修行果位向上提昇的樞紐。佛法常見的否定符號，尚包括「不」、「非」、「離」、「滅」，乃至於「涅槃」，都在說明平等性，而從平等性現平等相，即涅槃寂靜的諸法實相。

為什麼我們的心會不平等？因為生來就有俱生我執、法執的緣故。修行就是在修正自性妄執。心愈是不執著，所見的現象就愈平等；心愈是執著，所見的現象就愈有差別，愈不平等。

2.一實相印貫通三法印

「諸行無常」、「諸法無我」、「涅槃寂靜」是佛教的「三法印」，以此三種特質來表達真理法則的共通性。三法印可說是佛法的正字標記，原始佛教將真理歸納為三法印，為什麼稱為「法印」？這個「印」字，如同印鑑證明。我們之所以要用印鑑證明，是為了保障權益，證明這是出於所有權人清楚的意識行為。因此，不管任何人以何種方式宣講佛法，都須合乎「法印」，才能稱為「佛法」。

由於因緣不斷地變化，見現象無常，因無常所以無我。「無我」是指我實非獨存、不變，亦非主宰。能觀無我，就能趣向涅槃寂靜。「涅槃」即是真理現象的現前，也就是諸法平等相的現前，在轉凡成聖，進入第二大阿僧祇劫前，凡夫所見的都是「諸法顛倒相」，都是不平等相，要達於平等相，才能稱為「諸法實相」（如圖一）。

原始佛教以聲聞解脫道為主，重視相上的差別，秉持諸行無常、諸法無我、涅槃寂靜的三法印。由於性空與「三法印」相應相契，大乘菩薩道透過性空通徹一切現象，將性空稱為「一實相印」。

三法印是透過現象的變遷，以驗證真理法則的特性；其實，三法印通於一實相印——性空，因為性空，所以諸行無常、諸法無我、涅槃寂靜。法性空慧，即是深觀因緣法的平等性，透視一切事理及世間的現象，體悟宇宙人生的真理法則。

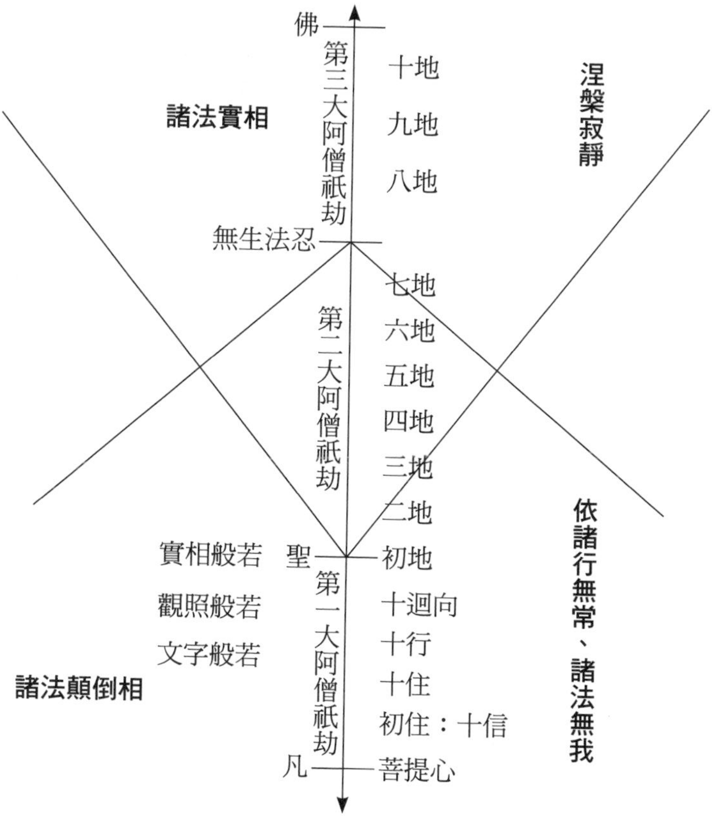

圖一：諸法實相與諸法顛倒相

本線圖為諸法實相和諸法顛倒相簡表，以此說明修行般若智慧的過程，上、下兩大塊三角錐圖，象徵涅槃的諸法實相和生死的諸法顛倒相，直線則表達三大阿僧祇劫歷程。

第一大阿僧祇劫，是從凡夫發菩提心起的階段，需修學文字般若、觀照般若；證入實相般若，達於第二大阿僧祇劫，從初地到七地圓滿；第三大阿僧祇劫，從八地無生法忍到十地圓滿成佛。三角錐圖交界點在五地，為大乘菩薩和小乘聖者分別的大小關。初地現性，證悟諸法實相，是超凡入聖的凡聖關，之前凡夫所見是諸法顛倒相，之後則是聖者的諸法實相。

3.緣起法觀緣生緣滅

「緣起法」包括緣生與緣滅的現象，緣生與緣滅可說是一對雙胞胎。世間不離「成、住、壞、空」的過程。「成」是因與緣的聚合過程，因緣聚合成熟出現象，會暫時安住一段時間。但是「住」，也只是肉眼看到的現象安住，其實因緣已在逐漸離散而緣滅，傾向毀壞，也就是「壞」。當緣滅，現象就消失了，稱為「空」。

「成、住、壞、空」的「空」和「性空」的「空」一樣嗎？不一樣。成、住、壞、空的空，是現象消失看不見了；性空的空，則是否定自性的存在。

所謂修行，就是調伏與淡化自性妄執。凡夫都是擔憂自己，生來自私自利，眼光短淺。大師級的人物則是眼光寬闊，不擔憂自我前途，而是憂國憂民，如范仲淹〈岳陽樓記〉描述「憂以天下，樂以天下」的古聖先賢。

修行至究竟圓滿，即是成佛。凡夫無法一步登天，「超凡入聖」可設定為修行的第一個理想目標。我們要從凡夫情執中，透過佛法的「以智導情」，達於聖者證得「諸法實相」的境界；累劫宿世的修行過程，反而是「接受不圓滿，乃是智慧」，讓我們持續修行，逐漸達於聖者的境界。

二、唯識的因緣觀

（一）生命的黑盒子

《金剛經》是般若經典，但是會常常用唯識的觀點做解釋，因為在現象上，唯識比較容易解說和補充，所以在介紹般若經典時，會提及唯識的思想，而在介紹唯識經典時，也會用般若來輔助，提醒大家要放下執著。般若和唯識，一個偏重「性空」，一個偏重「相有」，兩者相輔相成。因此，認識了般若系的緣起性空觀點後，再來介紹大乘三系中的唯識系。透過對唯識系的理解，會更明白諸多因緣和合成熟出來的現象。

所謂因緣，不要以為肉眼看不見，好像就不存在。就像我們的肉眼看不到紅外線和紫外線，但它們都是存在的，所以不能太相信自己的肉眼。我們都有「生命的黑盒子」，不斷地記錄生活點滴，肉眼是很粗糙的，只能看到粗淺的表相而已。第六識的起心動念善惡因緣，全都記錄在第七、八識，此二識就如同飛機的黑盒子，可依此紀錄，解讀生命的一切狀況（如圖二）。

圖二：生命的黑盒子

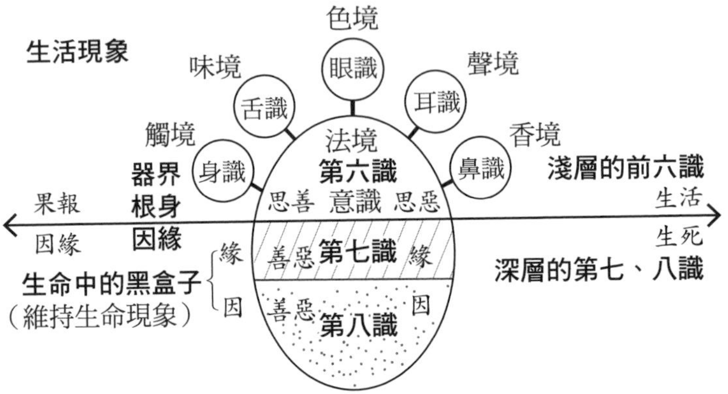

飛機正常飛行時，黑盒子不會成為主角，卻無時無刻地不在做紀錄。一旦飛機失事，黑盒子就轉為主角。同樣地，我們平時感覺不到第七、八識，不知道此二識的存在，但是第七、八識卻一直忠心耿耿地詳實記錄著善惡因緣，等到我們臨終時，六根失去作用，便完全依著第七、八識的善惡因緣紀錄，來決定轉生的去處。

「因」和「緣」有何關係呢？以起心動念和善惡念來說，想要聽經聞法，這是善的主「因」，付諸行動，參與學佛課程，則是善的助「緣」。緣是一種聚合力，也是自性妄執使然。比如「有緣千里來相會」，聚合諸多念頭的「因」，加上付諸實踐的「緣」，而能促使因緣和合，成熟出果報現象。若只是種下因，而緣不具足，則不一定能結果。

很多人常說想上佛學課程，但總是被工作耽擱了，這就是種了善因，卻沒有付諸行動，沒有緣來協助修行，所以無法體會佛學課程的益處。現場聽課特別有感覺的這種現場感，已是果報現象，所以才會有感覺。因緣則是沒有感覺，所以我們往往感覺不到因緣的存在。

日常生活中，我們有種種的感覺，有好的感覺，也有壞的感覺。因為有現象，我們才有感覺。唯識系把「心識」做了深淺的分割，共分為八識，眼、耳、鼻、舌、身識是前五識，意識為第六識，第七識是末那識，第八識是阿賴耶識。八識中，負責思考的是第六識，我們要打造的慧眼也在第六識。第六識是帶動我們修行的關鍵，因為要知道我執、自性妄執的重要性，才有機會修行。

人的慣性，往往覺得千錯萬錯都是別人的錯，很少人會自我反省過錯，我相信佛弟子如果理解佛法，便能懂得自省過失，也才有機會修正。修行就是在修正自己的錯誤觀念，不再因錯誤的觀念，而產生錯誤的言語、行為。心念會造成未來的善惡因緣業力，決定來生的去向。現象是無常的，面對色身的生老病死、世界的成住

圖三：六根、六境、六識

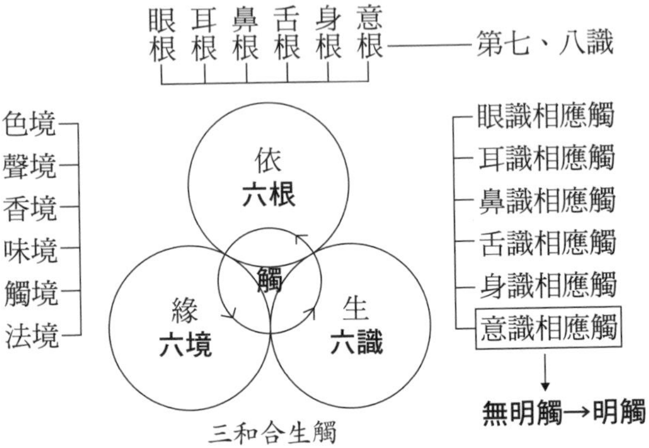

壞空、心念的生住異滅，這些因緣變化都是我們控制不了、掌握不了，也主宰不了的事。因為因緣不是實有不變的，所以外在的現象是不可得，無法永存不朽。比方我們讀一本書，書本不可能永恆不變地存在，而且人各有因緣，所以這本書對於不同的人，各有不同的因緣與作用，不會固定不變。

在我們的有生之年，因有眼、耳、鼻、舌、身、意等「六根」，透過緣色、聲、香、味、觸、法等「六境」，而生起眼、耳、鼻、舌、身、意等「六識」；依「根」緣「境」而起「識」，三者和合生「觸」，經由「觸」而認識世界（如圖三）。佛法最重視根、境、識的哪一者？最重視識。八識中又以哪一識最重要？第六識最重要，因為它會造作因緣業力，但是它不能單獨存在，因為是依根緣境而生起了識，這個識就會儲存到第七、八識的生命黑盒子。

我們所說的眼識，其實是依眼根、緣色境，而生起「眼識相應觸」，而且所依的根，不是器官（浮塵根），而是所謂的「淨色根」。淨色根是非常微細且敏感的神經系統，包括視覺、聽覺、嗅覺、味覺、觸覺等感覺神經系統。

佛法講六識，如果僅止於器官的部分，那就太粗略了，因為沒有神經系統，便無法產生視覺的作用。雖然一般肉眼見不著，但是佛陀的佛眼，遠在兩千五百年前就已看到神經系統才是重要的。正因為眼根並非器官，才能緣著外在的色境，生起「眼識相應觸」，而產生作用。同理，意識也是依意根、緣法境，而起「意識相應觸」。舉例來說，大家聽經聞法時，不只接收到語言文字的聲境，也包括輔助的圖像，協助我們呈現出意識中的法境，幫助「意識相應觸」的深刻理解。

我們凡夫一直是「無明相應觸」，透過聽經聞法，能從凡夫的無明觸而達於聖者的「明相應觸」。聖者之所以能夠達於「明觸」，是因為親證「諸法實相」的現前，其中的關鍵就在於般若的「緣起性空」及「中道不二」。在受的方面，能達於

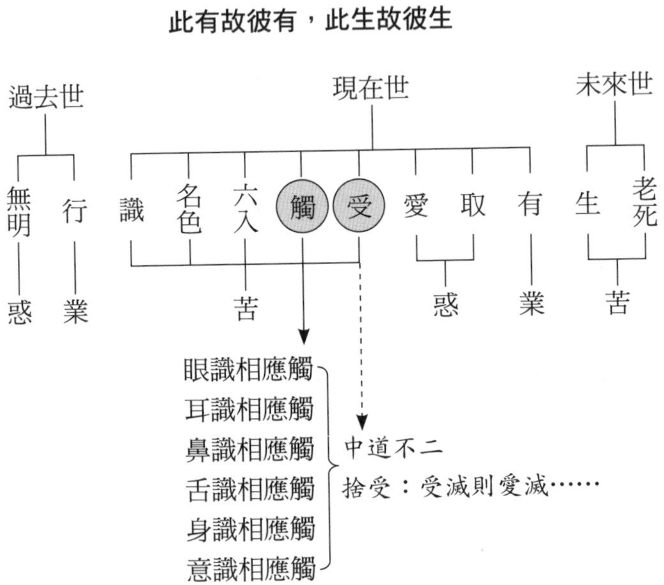

圖四：十二因緣的流轉門

不落苦受、樂受二邊，也就是「捨受」。因為明觸而受滅，受滅則愛滅，愛滅則取滅，取滅則有滅，有滅則未來世的生與老死也滅，未來世的生與老死之苦因息滅，即了脫生死之流。這就是為什麼要學般若的原因，無非希望我們修行的果位，能夠慢慢地提昇。

透過般若智慧，能截斷順十二因緣「無明緣行，行緣識，識緣名色，名色緣六入，六入緣觸，觸緣受，受緣愛，愛緣取，取緣有，有緣生，生緣老死」的「此有故彼有，此生故彼生」的「流轉門」

圖五：十二因緣的還滅門

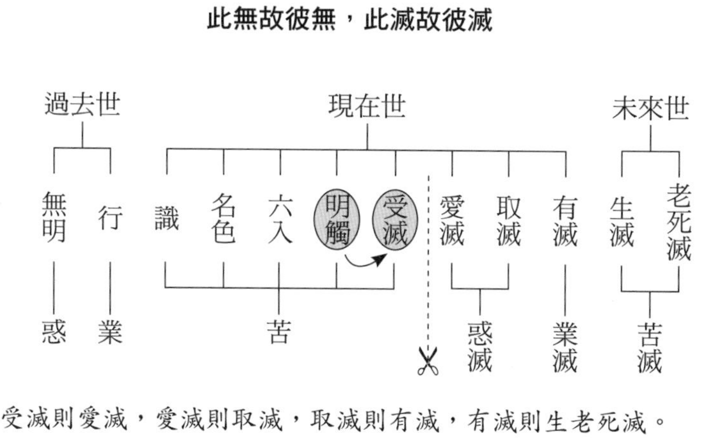

（如圖四），進入「此無故彼無，此滅故彼滅」的「還滅門」（如圖五）。

（二）培養善因善緣

大乘三系對「自性」的定義各有不同。般若系又稱「中觀系」，對自性的定義，是不具有不變性、獨存性、實有主宰性。唯識系的自性說，如《成唯識論》所說：「此諸法勝義，亦即是真如，常如其性故，即唯識實性。」是指勝義諦的真如。真常系的自性，談的是心性、佛性、如來藏，比較偏重信仰，在因緣方面談得較少一些。

大乘三系以般若系最重視因緣法，可和唯識系做比對。唯識系也談因緣，比如以第七、八識來說，第七識記錄的是緣，第八識記錄的是因，包含了善因惡因與善緣惡緣。如果善因與善緣成熟了，福報自然就會現前；反之，如果惡因與惡緣成熟了，業障就會現前。

很多人會抱怨：「我為什麼會遇到這些災難，是誰害我這麼慘？」其實這些業障都是自己過去的惡因惡緣成熟而變現出來的，怪不得別人。我們因為心很粗重，通常都要等到因緣變成果報時，才感覺得到自己發生什麼問題。在最初種下因緣的時候，也就是起心動念那時，幾乎從來都不會注意到自己在想什麼，因為因緣實在太細密了。

能夠理解因緣，就要對自己的起心動念負起責任，因為所有的善念、惡念都來自於自己，並非別人。然而，人和人之間都是互為助緣，如果能廣結善緣，當需要別人幫助的時候，助緣就會出現。因緣一直不斷進行排列組合，所以世間是動態的，不是靜態的。當我們努力了一輩子，在臨終前的那一刻，屬於現象的都帶不走，常言：「萬般帶不去，唯有業隨身。」不只是我們的身體帶不走，家庭、事業也都帶不走，唯有因緣業力隨身。

圖六：八識

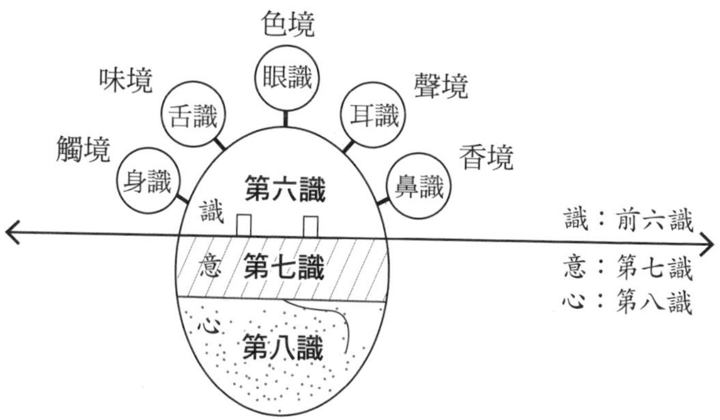

在我們的有生之年，一般人往往在現象上做種種的努力，其實努力的重點在因緣，要多種善因、廣結善緣，這樣自然會出現福報。當過去的善因善緣成熟時，這輩子就會現出福報；但是如果過去的惡因惡緣多，業障就很容易現前，使得當事人痛苦煩惱不已，很可能因此產生惡性循環。

如果將根身譬喻為電氣用品，我們的生命現象，就如同第七識的插頭連接第八識的電源，因而產生作用（如圖六）。第七、八識不僅記錄著我們的因緣，還提供生命的泉源，但我們往往因為第六識習慣攀緣外境，所以注意力都往外發展。第七、八識是非常「宅」的，只懂得牢守色身。第六識被前五識帶著往外奔放，第七識則執藏第八識而密不可分，這兩股力量互相拉扯，當兩者脫離後，人便死亡。人的色身經數十年歲月，終有緣滅的時候，從而又邁向下一生，形成生生不已的生命之流。換句話說，前一世生命死亡，第七、八識又投胎轉世，成為我們現在的這一輩子。

而我們這輩子，終有一天也會如拔掉插頭斷電的時候，屆時就無法發揮功用了。躺在床上熟睡與死亡的人，從外觀看來，都是一樣沒有反應，但是生命狀態卻截然不同。熟睡的人因為第七、八識都在，所以有生命現象；第七識專管呼吸、心跳、循環等，而我們的記憶存在第六識，不用擔心忘了呼吸、忘了心跳。忘記是第六識的事，第六識是很粗的心識，第七、八識則是非常微細，而且始終沒有停止過活動，即使我們睡著了，也不會停止呼吸、心跳。第七、八識什麼時候才會離開呢？當這兩者拉扯久了，終會脫離，再去投胎轉世，從未停息。

中陰身帶著第七、八識所含藏的種子因緣去投胎轉世，記錄了我們有生之年究竟種下多少善惡因緣，從而決定來生的去處。為什麼會有三惡道的眾生？因為三惡道眾生在獲有人身的時候，所種下的惡因緣多於善因緣，便墮到畜生道、餓鬼道、地獄道三惡趣。反之，如果所種的善因緣多於惡因緣，即投生人道和天道等善趣。

總之，黑盒子裡記錄的善惡因緣多寡，決定了我們來生的去處。

學佛要能夠深廣，首先要認識我們的生命現象，不是只有這輩子的現象，而是三世流轉。此生所結的父母、兄弟、姊妹眷屬緣，是從過去世結來的，而這輩子緣盡以後，會再繼續結下輩子的緣。

我們到底有多少的過去世呢？其實是無始劫的，就像數學上的數線可以定出零點，往右是正數，往左是負數，卻沒有最大的數，所以是沒有端點的。沒有端點可以稱為無始劫以來的過去世，而現在世又要面對無盡的未來，所以直至截斷生死流之前，未來也沒有終點，這就構成凡夫生生不已的生命之流。

佛法講的三世因果，不僅只有過去世、現在世、未來世的三輩子，而是無盡的過去世、現在世、未來世，所共同串出生生不已的生命之流。截斷生死流轉的關鍵在於善觀因緣的空性。《金剛經》說「應無所住而生其心」，也就是「只問耕耘（因緣），不問收穫（果報）的心」，果報的收穫是因緣成熟自然現前的，不是執著、不是求得、不是算計得來的。

我們要珍惜此生，好好地耕耘善因善緣，懂得放下自性妄執，以修得般若智慧，逐漸向上提昇生命的高度，這才是真正尊重生命和善用生命的流轉。

三、三大阿僧祇劫的修行指南

（一）提昇生命高度

1.凡夫可以成佛

為什麼學佛？無非就是希望成佛。也唯有佛教的教主佛陀會告訴我們：佛陀不是唯一的、主宰一切的萬能主宰者，只要循著佛陀成佛的道路修行，人人都可以成佛。

學佛要經過三大阿僧祇劫的修行，才能成佛。凡夫修行，因發菩提心而成「凡夫菩薩」；因精進修行而達於登初地直到七地圓滿，稱為「聖賢菩薩」，此時完全脫離「父母生身」，達於「無生法忍」，成為「隨處祈求隨處現」的分身無數億「菩薩摩訶薩」；再經歷八地、九地、十地而圓滿成佛。成佛之後，以清淨法身、圓滿報身、千百億化身三身，繼續度化眾生，從不停息（如圖七）。

圖七：父母生身和變易生身

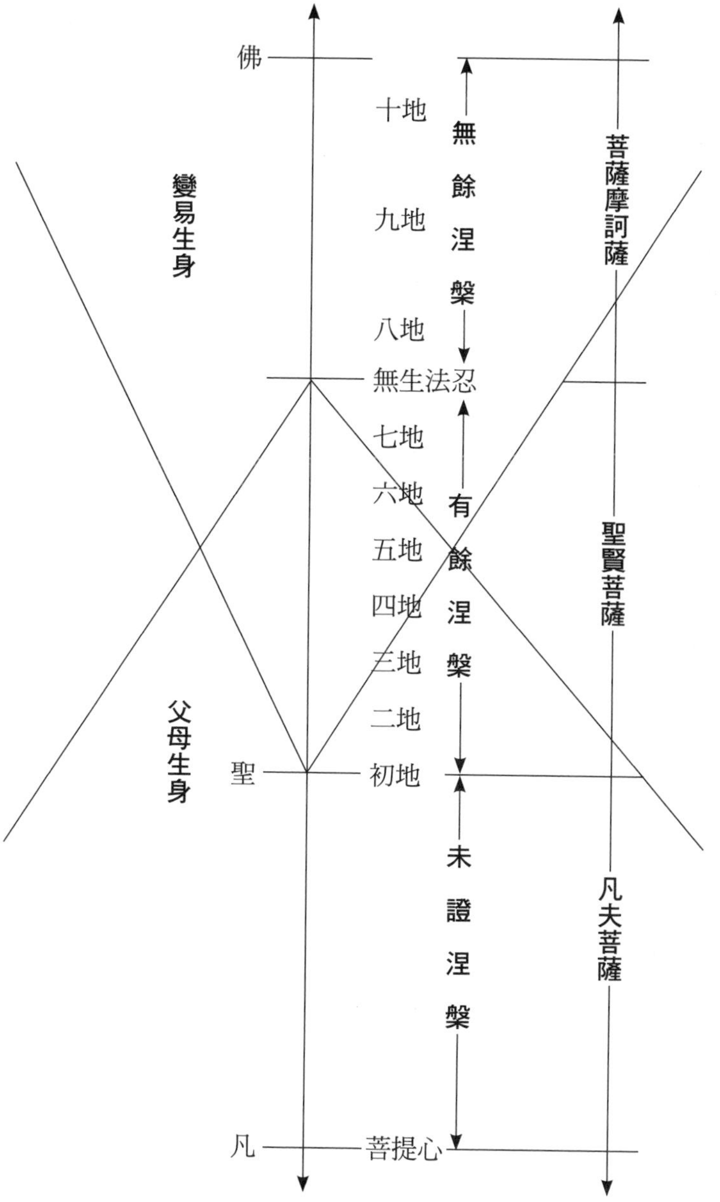

成佛是生命視野高度的不斷昇拔。比方一群人共同生活或共事，無論是家庭或團體同儕，因著立足點與高度的相近，難免彼此互爭高下、長短。但若是人生閱歷與經歷豐富的長者，眼界會高一點，看得遠一點，通常不會與晚輩爭執，否則，就不名為長者了。

從凡夫發心到超凡入聖，成為聖者，是我們發願成佛的第一個大目標。如何成為聖者？關鍵是能否證得「諸法實相」。諸法實相的智慧，即是「涅槃」，也是解脫聖者的本質。若是心量小，選擇走解脫道的自求解脫，修證的時間會較快速，初果證得涅槃，四果便得以解脫生死。若是心量大，選擇行菩薩道幫助眾生解脫，修證的時間則長達三大阿僧祇劫。

凡夫位的眾生，看到的都是諸法的顛倒相，也就是說，我們都是用雜染的第七、八識去投胎轉世，形成父母生身。佛法專為人而說，人雖為善道眾生，做人卻很辛苦，要面對生死苦迫的煎熬，但六道也唯獨人有智慧能夠聽聞佛法。雖然天人也是善道眾生，可以聞法，卻因為天人的福報太大，享福都來不及了，鮮少會想要修行。願意學佛的天人很少，除非極具善根者。人道之中也是富貴修道難，大富大貴反而成障道。至於餓鬼、畜生與地獄的三惡道眾生，都深陷於償還業報之苦，苦到沒有餘力，也沒有智慧能夠學佛。所以身而為人，最具足學佛的能力與因緣。

我們因有父母生身，歷經生、老、病、死，輪迴不已。父母生身並不是到聖者就結束了，必須要到證得「無生法忍」才能終結。聖者要從初地、二地、三地……，一路修行到七地圓滿，直至第七識全然轉染成淨，已無轉生的作用力，才能達到所謂的「無生法忍」。無生是脫離父母生身，但為眾生而法忍；法忍則是透過緣起法，經由色身「快速」緣生、緣滅，來接觸眾生、幫助眾生、解救眾生。之所以能快速，是因與眾生的因緣相應，能立即現身；而待救苦救難的因緣消散，色身也能很快地緣滅，也就是所謂「變易生死身」，別稱「意生身」。菩薩摩訶薩可以分身無數億，千處祈求千處現，例如大悲觀世音菩薩、大願地藏王菩薩等，能於三界中出入無礙。

2.轉識成智

從凡夫發菩提心一直到成佛的歷程，為何需要三大阿僧祇劫這麼長久的時間？此與唯識學的第六識、第七識、第八識轉識成智的完成，有著密切的關係，而前五識是自然地隨著第六、七、八識轉識成智而完成的。

⑴第一大阿僧祇劫轉第六識

第一大阿僧祇劫主要處理第六識轉為「妙觀察智」，此為「轉迷啟悟」的關鍵。因為迷於現象而生起分別我執、法執，痛苦煩惱乃至生死輪迴不已。透過般若智慧，深觀因緣的空性即平等性，袪除分別我執、法執的粗分別，才能達於聖者「諸法實相」，乃至「諸法平等相」的境界。

⑵第二大阿僧祇劫轉第七識

第二大阿僧祇劫主要處理第七識轉為「平等性智」，這是轉第七識非常深細的雜染。先撫平既粗且淺的表相分別我執、法執，才能觀既深且細的雜染因緣，也就是「轉染成淨」的作用，將第七識深細的雜染轉為清淨。第七識一旦清淨，就起不了投胎轉世的作用，這是徹底的「無生」，但為了繼續利益眾生的菩薩道業，所以「留惑潤生」。要以第八識曾經雜染過的種子，才能與悲苦的眾生相應，因此稱為「無生法忍」。這與聲聞四果證得了脫生死的阿羅漢，只是將第七識的雜染，以智慧加上定力伏住而不起作用，差別甚大、甚多。

(3)第三大阿僧祇劫轉第八識和前五識

第三大阿僧祇劫主要處理第八識剩餘的種子。以「變易生死身」所存曾受雜染的種子，與雜染的凡夫眾生相應，尤當眾生處於急難怖畏時，立即與之相應，及時救護眾生。當菩薩摩訶薩完全出清儲存的雜染種子，就是完全盡虛空、遍法界的清淨無染，而圓滿成佛。此即佛陀清淨法身的完成，所以能現「溪聲盡是廣長舌，山色無非清淨身」，這是「佛佛道同」的自受用身。至此，佛陀還是以「圓滿報身」來教導登初地以上的十地菩薩，對於未登初地前的凡夫，則以「千百億化身」的化身來教導我們。

佛陀以印度太子身投生於娑婆世界，示現修道而成佛，沿著恆河兩岸說法，至八十歲入滅，與我們一樣有生、老、病、死。佛陀與我們共業，才能共住；與我們共住，才有教導的因緣。即使佛陀的化身已然入滅，但是其法身常存。

3.以般若向上提昇

成佛之道的層層向上提昇，關鍵在於般若。般若能讓我們成就「波羅蜜」，從此岸到達彼岸。般若就是緣起性空，透過否定式的符號，讓我們放下「自性妄執」，向上提昇。

比方參加一〇一大樓登高競賽，如果你戴著珍珠項鍊，穿著高跟鞋，一身珠光寶氣去競賽，必然有一大堆的罣礙，因為你根本無法放心地向上跑。想要順利登高，穿著愈輕鬆簡單愈無牽累，最好是穿運動服和球鞋。要放下執著，才能順利向上。這也是為什麼要學會否定符號，目的就是幫助我們放下自性妄執，向上提昇。

愈提昇高度，所看到的景象愈平等。從一〇一大樓的頂層俯瞰市區，會發現連個人影都看不見，車子微小如螞蟻，這樣還能不能分別哪一部是賓士，哪一部是寶馬？不能。但是我們身在平地就會分別，不但會區別車的品牌等級，還會分別人的地位高下。因此，視野的格局愈低，愈會分別現象，而愈分別現象則愈執著，愈執著就愈往下沉淪。反之，愈放得下，愈能向上，也愈平等，這就是空性即平等性。有了平等性，平等相就會現前，才能稱為涅槃寂靜相，也就是諸法實相。

我們常說，身為一國之君，要有一國之君的高度；身為一個團體的領導者，要有領導者的高度。高度並非是指地位，而是眼界和心量；高度愈高，心量愈大，包容力也愈大。

（二）二道五菩提的成佛之道

般若系的修行次第，又可分為二道五菩提。所稱的「二道」，若以明心菩提為分界點，明心菩提以上是「般若道」，以下面為「方便道」。所謂的「五菩提」，發心菩提、伏心菩提、明心菩提，屬於「般若道」；明心菩提、出到菩提、究竟菩提，屬於「方便道」（如圖八）。

般若系本身的明心菩提，訂在七地圓滿的無生法忍，但如果配合唯識系的見道位，等同般若系的明心菩提，則訂於初地。可見般若系標準較高。般若能讓我們成就波羅蜜，不斷地透過放下，而超越與進步，能從此岸到彼岸的完成。

從「發心菩提」到「明心菩提」的這段過程，關鍵在於「伏心菩提」。

如何伏心呢？「伏」是指放下執著，稱為「無所住而生其心」。伏心就是無住生心，心念是相續不斷的，我們的心很浮動，因為隨時都在思考，不斷生起心念。即使睡著了，前五識休息了，第六識沒有休息，就會做夢。如果第六識休息了，第七識微細的心識還在不斷地作用，不斷地呼吸、心跳、循環……，從來沒有止息。

圖八：二道五菩提

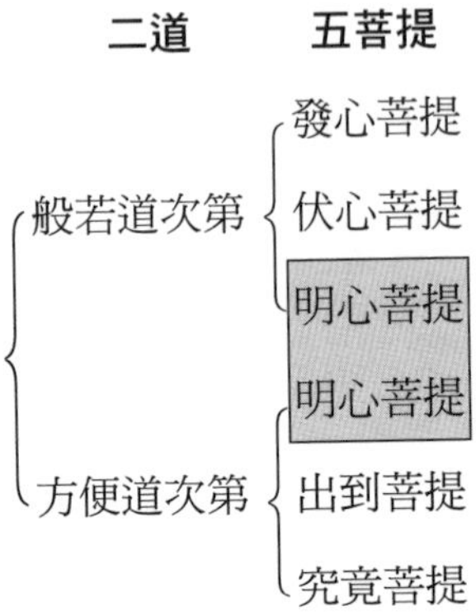

因此「應無所住而生其心」，不是要我們心念不生，因為那是不可能的事，只要有生命現象就有心識的作用，尤其是第七識的細意識一定存在，必定作用。即使死亡後，前六識已完全沒有作用，但第七識與第八識仍然緊密地結合在一起，也就是「中陰身」，直至結算這一世所有儲藏的善惡因緣有個結果時，才隨著第八識去投胎轉世，從未止息。

修行的重點，在於第六識生起「無所住」的智慧心，一種無所執著、超越得失的心。任何有所求、有所著、有所住的心，都是雜染心，第七識也完全是雜染心。唯有透過佛法的修行，能將第六識修正為無所求心。

不退轉，又稱「阿鞞跋致」。不退轉有階位的不同，基礎是「信不退」，為信仰的不退轉，其次「位不退」，為聖賢位的不退轉，至上是「行不退」，為實踐方面的不退轉。大乘三系中，真常系重信仰，「信不退」是首要的，而信不退是經過十住的初住，也就是「十信」，經過十信的完成，即是信不退，其果位並非很高，所以也容易普遍化，真常系比較看不到如何向上提昇（如圖九、圖十）。

唯識系比較重視「位不退」，初地以上的聖者不會再退回凡夫位，因為已經證得「諸法實相」的光明，對佛法不再有任何的懷疑。凡夫位就如烏雲罩頂，從來沒有見過烏雲上的太陽，要超凡入聖，才能撥雲見日或見到穿透雲層的曙光。聖者不再懷疑烏雲上是否有太陽，已斷疑、我見、戒禁取見等三結，不會再墮回凡夫地。

般若系則須是「行不退」，達於「無生法忍」，脫離父母生身，才能徹底不再退轉。第七識的俱生我執，讓我們擁有父母生身，一旦具有父母生身的自私雜染心，很容易退道。因此，聖賢菩薩以上或五地菩薩以下，都有可能從大乘心退回小乘心。八地菩薩以下具有父母生身，必須在人群裡行菩薩道，當功力還不足的時候，要難行能行、難忍能忍，否則有時被眾生一攪亂，很可能起心動念，乾脆只管自己解脫，從大乘心退回小乘心。所以，般若系的標準定得最高，要到脫離父母生

圖九：修行的高度和三系所重

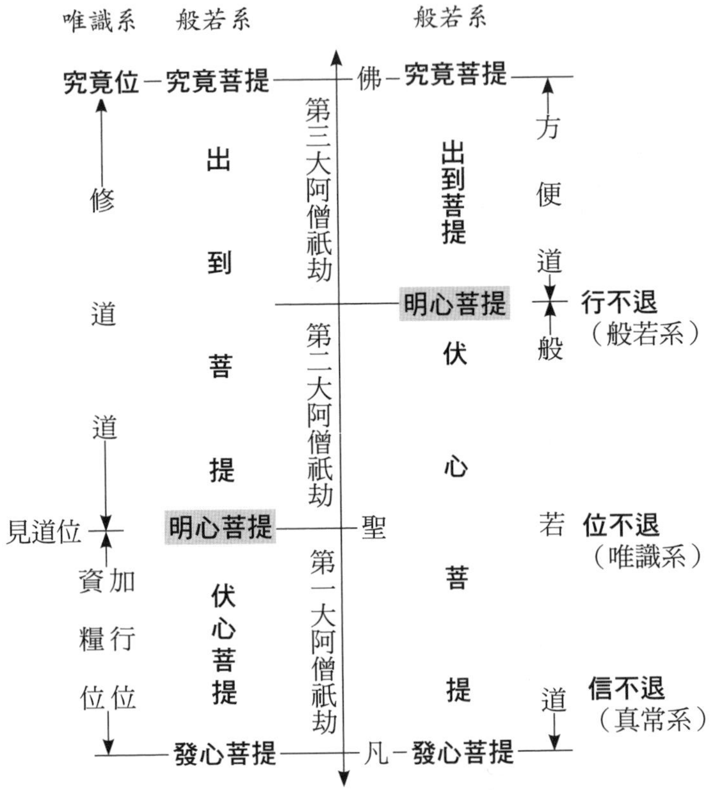

般若系二道五菩提，二道為般若道和方便道，五菩提包括：發心菩提、伏心菩提、明心菩提、出到菩提、究竟菩提。般若道起於「發心菩提」，過程是「伏心菩提」，圓滿是「明心菩提」。方便道則起於「明心菩提」，過程是「出到菩提」，圓滿是「究竟菩提」。

唯識系的修行五位則為：資糧位、加行位、見道位、修道位、究竟位。「資糧位」與「加行位」要經歷第一大阿僧祇劫的修行，「見道位」即第一大阿僧祇劫滿，「修道位」要經歷第二、第三大阿僧祇劫的修行，「究竟位」則是成佛。

圖十：不退轉各系各重視不同的高度

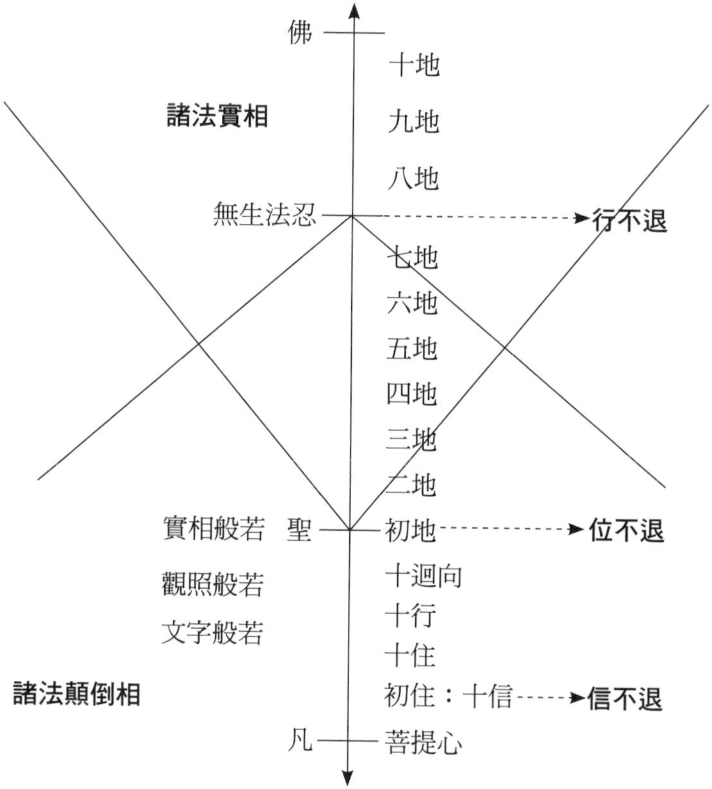

般若系從發心菩提起，經第一大阿僧祇劫伏心菩提，圓滿於明心菩提，等同唯識系的見道位。高標準般若系般若道從發心菩提，經伏心菩提第二大阿僧祇劫修行，圓滿於行不退明心菩提；方便道則為第三大阿僧祇劫明心菩提起，經出到菩提，圓滿成佛即究竟菩提。

真常系重信仰，於十住的初住（十信完成）的「信願的不退」完成；唯識系重於「聖位的不退」，初地見道位完成；般若系重「實踐的不退」，第二大阿僧祇劫滿，脫離父母生身，無生法忍完成。

身的「無生法忍」，才是「行不退」。

「超凡入聖」的聖者有兩類，一類是行解脫道的初果聖者，另一類是發菩提心，登初地的聖賢菩薩。但是大乘菩薩登初地之後，要到五地菩薩以上才能逐漸穩定，過程中仍可能退回小乘，等到七地時，第七識雜染消除，不再受父母生身的影響，方可到達「行不退」，成為菩薩摩訶薩。菩薩摩訶薩非常自在無礙，隨處祈求隨處現，分身無數億，但是還有雜染的成分，第八識雜染的種子還在，要等到把第八識雜染的種子全部出清，才能成佛。

《金剛經》的整體架構，稱為二道五菩提，包含整個三大阿僧祇劫的修行。如果將整個成佛過程，譬喻成一棟大樓，般若系重「性空」，透過放下自性妄執以向上提昇，就如透過爬樓梯或搭電梯而抵達高樓。唯識系重「相有」，將法相分析得很細密。就像各個樓層的玻璃窗或陽台，可讓我們看見不同高度的戶外景象。人生高度與修行高度，莫不是如此，我們的視野會隨著高度而有不同，爬得愈高，看得愈遠，範圍愈大，所見景色愈平等、寂靜。

三大阿僧祇劫的過程，般若系重點放在第一大阿僧祇劫，所用的是般若道。般若道是透過文字般若、觀照般若，直至實相般若現前。換句話說，就是透過文字般若的「聞慧」，以及觀照般若的「思慧、修慧」，達於實相般若的「現證慧」。

超越現實，放下凡夫的自性妄執，提昇到聖者的果位，是第一大阿僧祇修行的重要功課。阿僧祇劫是無量無數劫，是無量無數輩子，修行不是那麼容易的事。

《金剛經》中，須菩提長者代大眾向佛陀請益：「善男子、善女人，發阿耨多羅三藐三菩提心，云何應住？云何降伏其心？」成佛雖然是非常非常遙遠的事，終究要始於足下，才能跨出第一步。在如此長遠的時間劫當中，我們要如何能夠安住？如何常久持此求法成佛的大心？為什麼現象是無法安住的？

因為所有現象，都是眾多因緣和合緣生出來的現象，一切現象都是緣生緣滅的無常相，所以是無法安住於現象。真正的安住，是安住於甚深的、平等性的因緣法上。現象無法安住，因為靠人會老，靠山會倒；靠人、靠山、靠現象都是無常，都不牢靠。最可靠的，唯有安住於平等的法性上。法性空慧是透過法性形成的般若智慧，雖是無形無相，卻是最深的平等智慧，也因為究竟平等，所以最為可靠。

我們累劫宿世的善根因緣，就是要安住在因緣法的平等性上，才能夠不斷地放下自性妄執而成佛。凡夫的此岸是生死輪迴的，是顛倒有二。有生有滅是我們的顛倒相，而聖者所見是不生不滅的涅槃寂靜相，透過中道而不二。

（三）般若的修學次第

1.文字般若、觀照般若、實相般若

如何修學般若？要從文字般若、觀照般若，到實相般若，循序漸進學習。

修行須有正確的根據，也就是依「文字般若」。文字般若須先聽聞佛法，開啟「聞慧」。我們看到春去秋來、花開花謝，這些都是無常相，從現象理解文字般若所說的涵義，需要經過合理的思考明辨，進而攝心以觀察緣起的無自性，稱為「觀照」，即以思慧為主。

「修慧」則是根據文字般若與觀照般若，化為我們的人生觀，成為修行的指南，過程中不斷地深觀因緣，放下自性妄執，以智導情，理性處理一切現象，達於船過水無痕。在未達解脫之前，要能體驗生活的自在無礙，隨順因緣，柔軟以對。

如此逐漸達於「實相般若」現前，離一切妄想戲論，離一切文字語言。從凡夫

此岸到聖者彼岸，需要乘般若船才能抵達，但並不是到達彼岸後，繼續拉著般若船上岸，此時要放下般若船，也就是放下文字語言的束縛與差別，才能登彼岸的諸法實相。實相是決然平等平等相的現前，任何語言文字都帶著執著成分，都無法達於平等的實相。實相般若是言語道斷、絕諸戲論，即是「涅槃寂靜」。

所以，《金剛經》提及，初果、二果、三果、四果的聖者，如果自稱已證果，就表示沒證果，因為證果者無法用語言文字來表達。就像我們爬山登高，所見風光如實現前，那是一種難以言喻的景象，「哇！」一聲，就代表了一切驚喜，甚至連這一聲「哇！」都顯多餘了，已經不需要語言文字的形容。而在我們爬山之前，導遊需先用語言文字和圖像來表達，引導我們向前走、向高處爬。這也像出國旅行，行前要蒐集許多資訊，好讓我們按圖索驥，等到抵達時，這些資訊就可放下了。

從文字般若、觀照般若到實相般若，是學習般若道的過程。要先從文字般若打基礎，才能夠正確的觀照。就像聽經聞法，是在文字般若上下工夫，必須要先理解正確，觀照才會正確。只有當觀照正確，也才可能達於實相般若。

2. 從世俗諦到勝義諦

文字般若安立二諦，抉擇空、有。二諦是「世俗諦」和「勝義諦」，「世俗諦」重相有，而透過性空，才能達於諸法實相，即是「勝義諦」。性空並非否定相有，而是讓我們從相有進入性空。屬於相有的世俗諦是基礎，若無此基礎，無法進階到勝義諦，所以要安立二諦。

「世俗」與「世俗諦」是有差別的。所謂「諦」，是真實存在的，世俗諦即是確實存在的現象。那什麼是不存在的現象呢？如果我們的視網膜患了飛蚊症，透過患者的眼根看到外在的色相，呈現出宛如飛蚊的影子，這種景象對其他人而言，是看不到的，事實上，這些蚊子並不存在，這是「根」的錯亂。又比方一根筷子放進半杯水中，看到的是摺成兩折的筷子，但若把筷子從水杯取出，就能見到還是一根直筷，這是「境」的錯亂。根與境的錯亂，是我們比較容易理解的不存在現象。但還有一種是「識」的錯亂，比如邪知邪見、撥無因果等，這是最不容易察覺的。因此，正知正見的建立，非常重要。

世俗諦是透過世間的正確知見，重新看待世間無常的現象，就是「法住智」，因此說「不依法住智，不得涅槃智」。世間的正知正見，就是要知道有善有惡、有業有報、有前生後世及有凡聖的差別，並且賴以維生的經濟來源必須是不犯五戒的，即所謂「正命」而活。謹守來世投生善道的戒律，也才能逐漸從世間法中解脫與超越，達於出世間聖者的「勝義諦」，也就是「涅槃智」。

龍樹菩薩的《中論》認為「不依世俗諦，不理解真實義」，真實義即是勝義諦。涅槃的現象，先得「法住智」，後得「涅槃智」，並安立於二諦，抉擇空、有；要懂得「空」是講「性空」，「有」是講「相有」，這兩者並不衝突、矛盾。可是我們往往容易落於二邊，覺得有就是有，怎麼會是空？空就是空，怎麼會是有？

相有的當下，其實是性空的，是眾因緣和合出來的，所以說是性空。相有是現象，是有我相，但是這個我相，是一直在變化的我相，過了一天就老了一天。所以佛陀說，要準確地說出這個我，就應該稱為無我。為什麼這麼說？因為我是性空的，是眾緣和合出的我，又是眾緣離散中的我。所以我們的生理機能，會慢慢衰退老化，一直到眾緣離散、合不起來，也就是死亡。但是死亡不等於結束，而又名為往生，因為將來還有未來世的緣生，透過因緣再流轉到下一輩子去。所以要理解性空與相有，依著世俗諦的果相，深觀因緣法的勝義諦，依境成觀。

生活的現象種種，我們都要深觀因緣法，才能夠離相無住。我們的慣性本來很注重相有，要慢慢地離相，淡化對相有的自性妄執，才可能無住，因為性空而無所住，無所住而生其心，這是般若智慧。無所求、無所住，才能不斷地生其善心，這是我們起心動念的修行功德，然後才能夠達於實相，因「中道不二」而平等平等，能所並寂，不落能所二邊。

我們在世俗諦上有能、有所，有能的是心王，以八識為心王，心所則有五十一種。在現象上，可以切割出能所的二邊，但是在因緣法，是不落二邊的，也就是能所並寂、能所雙亡，而且非言語思惟可及。

真理實現，無法用語言文字來形容，它超越了語言。但是在修行證得諸法實相之前，我們還是要透過語言文字來學習，不能因為究竟的實相般若不用語言，所以在修行過程中就略過語言，那是錯誤的想法。

3.性空轉迷啟悟

般若，是萬法的本性，所以稱為法性空慧，簡稱性空。一切法、畢竟空是性空；世出世入，無不依著性空而成立，所以稱畢竟空。而一切相有，只不過是「宛然有，畢竟空」，這不是不變的有，而是不斷變化的有。當現象發生時，我們要好好地珍惜當下，雖然它不過是暫時的宛然有而已。宛然有而畢竟空，這也是離相。

我們總以為相是實有不變的，所以想要緊抓不放。比如擁有人身，就想要長生不老，其實這是不可能的。學佛也是在學著如何面對生死、接受生死、處理生死，乃至放下生死，這也是宛然有而畢竟空。

世俗的現象常使人迷惑，因為我們經常執著於相有，而迷惑於相有。修行則是理解相有是由眾多因緣和合而成，也會因為因緣離散而消失，而轉迷啟悟。我們學般若，就是希望能夠證真實，以脫生死，不管是個人的解脫生死，或是行菩薩道，幫助眾生解脫生死。菩薩道的實踐法是六度萬行，但是五度如盲，須以般若為導；以般若導萬行入智慧之海，這就是般若的妙用。

〈第二篇〉

般若道

——以智慧導航慈悲

一、《金剛經》的結構

（一）菩薩莊嚴的金剛寶

《金剛經》的全名是《金剛般若波羅蜜經》，為什麼以金剛為名呢？因為金剛是世間的寶物，類似金剛鑽石，具三種特質：一是堅固，堅固而不易被破壞；二是光明，透明清淨，純潔無染；三是銳利，力道極強，能破壞一切固體物。

我曾經在大理石工廠裡，看到切石機切割大理石的過程。切石機的周邊必須鑲嵌金剛碎石鑽，因為金剛鑽的硬度高於大理石，才能切割大石塊。由此可知，金剛鑽硬度高、力道強，足以切割非常堅固的物體，金屬、石塊等硬度不及金剛鑽，所以無法摧壞金剛鑽。世間的金剛鑽雖然不容易被破壞，卻終究還是可破壞的，因為所有一切物質現象，其實都是無常的。

用金剛來譬喻菩薩莊嚴的般若智慧，因為金剛鑽能夠壞一切，而不易被一切所壞。菩薩道的般若智慧，就是專門破除「自性妄執」的煩惱，能夠放下自性妄執，就不易被煩惱所擾亂，而使修行逐漸地向上提昇。

「波羅蜜」是從此岸到彼岸的完成，當我們能夠從低處慢慢提昇到高處，就是一種波羅蜜。從有痛苦的此岸達於無痛苦的彼岸，從起伏躁動的此岸達於寂靜的彼岸，乃至從生死輪迴的此岸達於生死解脫的彼岸，都稱為波羅蜜。波羅蜜必須透過般若來完成，稱為「般若波羅蜜」。

（二）翻譯者

《金剛經》歷來有多種譯本：

1. 《金剛般若波羅蜜經》：姚秦鳩摩羅什譯。
2. 《金剛般若波羅蜜經》：北魏菩提流支譯。
3. 《金剛般若波羅蜜經》：陳朝真諦譯。
4. 《金剛能斷般若波羅蜜經》：隋代達摩笈多譯。
5. 《能斷金剛般若波羅蜜多經》：唐代玄奘譯。
6. 《佛說能斷金剛般若波羅蜜多經》：唐代義淨譯。

《金剛經》的最早譯本，是由鳩摩羅什大師所翻譯，流通最廣，本書解經即採用鳩摩羅什大師譯本。

鳩摩羅什大師和玄奘大師，都是非常偉大的譯經大師，但是他們對於《金剛經》的題解觀點有所不同。如以鳩摩羅什大師的譯本為舊譯，玄奘大師的譯本則是新譯，因為玄奘大師譯經的時間晚於鳩摩羅什大師兩百多年。

鳩摩羅什大師是用金剛比喻般若，指出般若能夠破壞一切戲論、妄執，但不為妄執所壞，所以般若如同金剛一般，是堅固的、光明的、銳利的。

玄奘大師雖長於唯識系，卻翻譯很多般若經典。玄奘大師認為，般若是能斷的智慧，金剛是比喻所斷的煩惱。我們想斷煩惱就如同想斬斷金剛一般困難。我們的雜染煩惱非常細微，要直到成佛才能夠斷盡，即使是菩薩摩訶薩，仍在處理第八識的雜染種子，要等到全部都出清了，才能夠成佛。

簡而言之，玄奘大師是以金剛來形容煩惱，鳩摩羅什大師則是用金剛比喻般若，兩者說法都通。但是印順導師的觀點，比較贊成鳩摩羅什大師用金剛來比喻般若的說法。

鳩摩羅什大師生於龜茲國，父親是印度人，母親是龜茲國的公主。他九歲學小乘經典，十三歲父歿後，轉學大乘佛法，二十歲出家受戒。西元三七九年，道安法師力勸前秦苻堅迎請大師入中土，三年後，派了大將呂光攻打龜茲國搶奪大師。不料才過兩年，苻堅就滅亡了，呂光便在涼州另建小國。由於五胡十六國的政局非常混亂，鳩摩羅什大師在涼州足足被軟禁了十八年，到了西元四〇一年，才終於來到長安，這時已改朝換代為後秦的姚興，所以他譯經的時間很短，只有十二年而已。

鳩摩羅什大師翻譯的佛經，如《金剛經》、《阿彌陀經》、《法華經》等，譯文信實達意，優美典雅，因而廣為大眾所讀誦。他長於中觀性空學，透過翻譯將龍樹菩薩創立的中觀論著傳入中國，如《大智度論》、《中論》、《百論》、《十二門論》，這些都是非常重要的中觀論典。鳩摩羅什大師一面翻譯，一面講學，他的入室弟子眾多，僧肇是其中最傑出的一位，可惜英年早逝，其他弟子也因為真常唯心系的經典大量傳入中土，以及當時唯識系思想的盛行，般若系的發展因此受限，難以發揚光大。

般若經典很早就傳入中國，不過當時譯典非常有限，為了闡釋般若空義，借用了許多中國本土儒道思想，而經過一段「格義佛教」時期，由此可見要理解般若思想是非常不容易的事。東晉僧睿最早提出六家之說，到了南朝劉宋曇濟又提出六家分為七宗的說法，出現種種不同的解釋。雖然西元五世紀初期，鳩摩羅什大師已經翻譯出完整的「龍樹中觀性空學」論典，但是多為印度佛教的思惟模式，與中土眾生根機不契，再加上羅什大師的門人未能將之傳承發揚，般若逐漸式微。幸好在我們這個時代，印順導師博覽群經，披釋玄旨，極力提倡龍樹中觀思想，並且留下大量宏富精深的論著。讓我們得以有機會正確地理解般若思想，這是多麼可貴殊勝的法緣，真是現代學佛人的福報！

（三）拙慧和巧慧

般若可分為兩類，「拙慧」和「巧慧」之別。「拙慧」是透過現象來分別，偏於事相的分析，像是分析雜染與清淨，或束縛與解脫現象的差異。「巧慧」是透過因緣來觀照法性空慧，當體即是性空，從一切法性空慧去融觀一切、通徹一切，所有現象都是性空的。性空是真理法則，也是宇宙人生的遊戲規則。

凡夫的生命現象，即是惑、業、苦的循環（如圖十一）。惑即是煩惱，這是生

圖十一：惑、業、苦

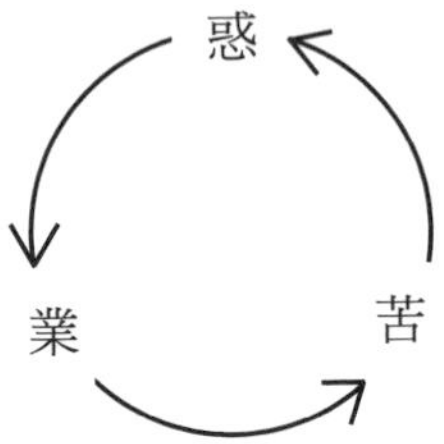

死輪迴現象上最簡要的說明。雖有現象，但同時也是性空的，煩惱是可變可化的煩惱。以因緣巧慧來看煩惱，我們都難免著相起煩惱。煩惱是無明惡念，菩提是善念，善惡只是一念之差，透過因緣反而容易轉化，有時當煩惱起來時，才知道菩提心的可貴。有時候發了菩提心，還是會起煩惱。因為人多事多，就會意見多，必須在煩惱心和菩提心之間，不斷地拔河比賽。其實煩惱和菩提是融然一體的事，融然在每個人的心念中，煩惱心也會啟發菩提心，發了菩提心仍難免有煩惱心。以菩薩道來看，煩惱即菩提，煩惱和菩提是平等存在，融觀一切，端看我們如何取捨（如圖十二）。

印順導師在《般若經講記》，以求水來譬喻拙慧和巧慧，帶給我很大的啟發。拙慧者以現象做思考，在冰天雪地中求水，堅持鑿到冰層以下，認為離冰才有水；

圖十二：煩惱即菩提

不落二邊：
循環不已，相續不斷。

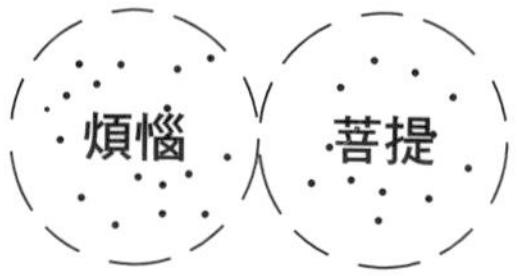

煩惱中有菩提，菩提中有煩惱，煩惱與菩提因緣充滿空性，也就是平等性、互通性。

巧慧者則用火來烤冰，冰的當體即是水，冰融化了就是水。這兩種方法哪一種比較善巧呢？當然是用火融冰，般若能像火一樣融化我們的煩惱。

「巧慧」又稱為「深觀」，因緣既深且細，表相既粗且淺，若只是觀表相，會不清楚現象的來龍去脈，而有諸多抱怨。必須要深觀因緣法的平等性，才能開啟智慧。印順導師指出：「巧慧者的深觀，法法都性空本淨，法法不生不滅如涅槃，法法即實相，從沒有減什麼增什麼。這不增不減、不失不壞慧，即金剛般若。」聖者證得法法不生不滅的涅槃，即是中道不二。就因為透過中道而不二，究竟平等，才能達於涅槃寂靜。法法平等即是實相，諸法實相是增減平等平等的。

學般若的目的，是希望從拙慧而進入巧慧。比如家人之間難免起爭執，有的人一氣之下就離家出走。此時，最好能去寺院走走，請法師開示，法師通常會勸人回家才是解決問題之道。離家無法解決問題，透過溝通才能化解問題，而在和家人溝通前，要先用佛法來轉化自己的心境，用佛法的思想去包容一切。

一般人都說：「我的忍耐是有限的。」忍耐和包容有何不同呢？「忍耐」是在現象上稱為忍耐；「包容」則是將現象轉化為因緣法，而可以無限包容。我們在深觀因緣法的時候，包容度會變大。當我們能不斷地向上提昇的時候，包容度會愈來愈大，因為爬得愈高看得愈遠，看到的範圍就愈大，菩薩道的修行，就是運用因緣法來包容一切。

因緣法像水一樣，沒有固定的樣子，用杯子裝水，水就變成杯子的樣子；用碗裝水，水就變成碗的樣子。由此可知，水是無有定法、無有定相。因緣就是如此，菩薩要透過因緣，才能去恆順眾生，只要眾生得以度化，不管多麼困難，菩薩都非常樂意協助。菩薩度化眾生的關鍵在於放下自性妄執，而透過因緣法，可以千變萬化出各種度化的妙法。因此，學習般若的人，不會死板板地認為自己非如何不可，如果著相，堅持不肯變通，那是拙慧，要能隨順因緣而變化，方可稱為巧慧。

(四)緣起、性空、唯名

因緣法可以千變萬化，所謂的般若，即是緣起性空。印順導師把般若系稱為「性空唯名系」，一切法並非真實不變的，都是緣起而性空，不過藉名相而傳達，再重新認識，放下執著。

「佛說世界，即非世界，是名世界」，這可以說是《金剛經》的基本句型（如圖十三）。「佛說某某，即非某某，是名某某」，「佛說某某」的這個「某某」就是「緣起法」，現象是肉眼所見的果報相。「即非」，為什麼用「非」字？因為性空是慧眼所見，透過第六識深觀因緣法，知道世界的一切現象都由因緣和合而成，是緣生出來的，但也會因緣離散而現象消失，這一切現象都是無常的，虛妄不實的，只不過名為世界，所以說「唯名」，讓我們重新認知，乃至放下執著。

《金剛經》有很多類似「佛說某某，即非某某，是名某某」的經句。《金剛經》提醒我們「若見諸相非相，則見如來」。當我們看到世間林林總總的相時，不要只用肉眼去看，而要打造慧眼，深觀因緣的平等性。「若見諸相非相」，是在講

圖十三：《金剛經》基本句型：緣起、性空、唯名

般若：緣起性空的性空唯名系

佛說世界，即非世界，是名世界。

佛說世界	即非世界	是名世界
↓	↓	↓
緣起	**性空**	**唯名**
肉眼所見（果報）	慧眼所見（因緣）	重新認識，放下執著（因緣果報）

這些相都是因緣所成的，但是因緣會不會離散？會離散的。

我們要知道「相有」不是固定不變的，都是不可得、不可取、不可住的。離相無住，名相就是將因緣果報合在一起的現象。我們一方面因為有過去的因緣，而獲得現在的果報；另一方面，在現在的果報當下，卻又不斷地再去造作新的因緣，而結生出未來的果報。

當現象緣生的時候，應該要好好地珍惜把握；緣滅的時候，也不要太過於痛苦難過。例如佛陀以化身示現在娑婆世界，有佛陀的緣生現象，也必有其緣滅。佛陀入滅時，佛弟子們都有不同的表現。有的人呼天

搶地，有的人默然無語，哪一種人的境界比較高？默然無語者。為什麼？因為他能接受。呼天搶地是因為情執於佛陀入滅的現象，我們凡夫就是如此，但是再怎麼呼天搶地，也沒辦法把佛陀呼喚回來，只會讓自己更加痛苦難過。

真正有智慧的人，會在因緣和合緣生時，好好珍惜；當緣滅的時候，也能了無遺憾地接受。接受緣滅是一種智慧，能默然無語地平靜接受，這是件不簡單的事，是一種開啟慧眼所見的智慧。佛陀要我們學習的，正是以慧眼見如來，這才是真正見佛。因此，我們要珍惜當下，放下執著。

我們的生活經驗，都是執著差別相，因而煩惱不已。凡夫都是有我相、人相、眾生相、壽者相的「差別相」，尤其對我相特別執著，以為自己可以主宰一切，然而我們主宰得了嗎？如果「我」真能主宰，就能讓自己永保青春，但有誰做得到呢？每個人都要接受生病、老化，乃至死亡。為什麼聖者能夠無我相、無人相、無眾生相、無壽者相呢？聖者的生命高度和凡夫不同，看到的是我相、人相、眾生相、壽者相的「平等相」，毫無差別相。「無相」是無差別相，並非這些現象都消失不存在，而是透過性空的慧眼看到平等相、無差別相的現前。能驗證到平等相現前，方可稱為聖者。

聖者所見為「平等相」，凡夫所見為種種「差別相」，這是「高度」的不同。比方我們如果搭電梯上了十幾層的高樓，從高處所見馬路上的行人，微小如螞蟻。但由於我們不會執著螞蟻是公的、母的，是幼小的或年老的，不會有這種分別，因為看起來都一樣。因為不執著、不在乎，所以就不會起分別。可是，如果場景轉換成三壇大戒，幾百個出家人同時受戒，放眼望去都長得一模一樣，但說也奇怪，只要我認識其中一人，那就看來不一樣了。除了自己認識的人，在人群中會格外醒目，其他的人對我們來說，看起來好像長得差不多，其實是因為不執著。

曾經有一回，一位居士載我出門，她問我：「能否繞個路，順便去學校接我的孩子回家。」我回說：「當然沒問題。」放學時，校門一打開，幾百個小學生全部跑出來了，那位居士馬上指著其中一位說：「我的孩子就在那裡！」我說：「你怎麼能馬上認出來，真是太厲害了！」為什麼她能一眼就看到她的孩子？這是因為她的執著。那麼一大群孩子，因為沒有一個是我的孩子，所以我不會有分別與執著的心，就覺得看起來都差不多，長得很像。

菩薩之所以能歡喜行菩薩道利益眾生，就是因為起執著的心少一點，才能夠走得遠，不然的話，心中充滿牽絆與執著，如何去行菩薩道呢？菩薩道透過性空、平等性，用平等心服務眾生，才能夠見諸法實相乃至平等相的現前，直到成佛的究竟平等。佛陀等視眾生如羅睺羅，對所有的眾生完全平等，這是無相，並非像變魔術，把眾生從有變成不存在、消失了，而是調伏自性妄執的不平等達於平等。因此，修行是眼界高度的問題。

修行有兩件事很重要，一是「向善」，二是「向上」。「向善」是指要多多培養善因善緣，讓我們的善因善緣，能多過於惡因惡緣，這樣來世才可能投生善道，甚至能再回人間學佛，或是往生西方。「向上」是放下自性妄執修智慧，智慧讓我們有機會向上成長，提昇修行果位，並擴大眼界和心胸度量。

（五）超凡入聖

我們學佛就是希望能有超凡入聖的機會，不要一直輪迴在六道中，甚至還往下墮落到三惡道。聖者之所以成為聖者，是因為明白因緣本身就是平等性，從而放下執著，所以能無我相、無人相、無眾生相、無壽者相。無相是無差別相，也是平等相。平等相是透過平等性的因緣「性空」，才能夠達於「相空」或「無相」，即是無差別的平等相，也是諸法實相。

相空就是空相，但不是空空如也之相，而是平等平等之相。為什麼我們凡夫一直處在顛倒相中？因為我們都在對立有二的差別相裡，而聖者所見是諸法實相的現前，聖者透過中道不二而達於平等相，所以愈向上愈光明，愈向下愈無明。因此，成佛就像太陽一樣，愈向上，愈溫暖。

菩薩道悲智雙運，擁有很多美好的特質。比方慈悲有溫暖的特質，智慧有光明的特質，信願有大力量的特質。在這些特質裡，信願心讓我們生起信仰的力量，相信能超越累劫宿世的父母生身輪迴，突破隔陰之迷。我們之所以能延續法身慧命，都是靠著信願的力量。愈向上，善愈多；愈向下，惡愈多。愈向上，愈清淨；愈向下，愈雜染。愈向上，愈有力；愈向下，愈無力。修行是高度上的問題，要突破隔陰之迷，就要透過因緣的流轉。不只善因善緣可以流轉，習性也是可流轉的，因為第七、八識不停地流轉，就如《金剛經》所說：「一切有為法，如夢幻泡影，如露亦如電，應作如是觀。」一切有為法都是緣起的、相有的，但也是性空的，這一切現象不過都是假名有而已，宛然有而畢竟空。

《金剛經》又說：「若以色見我，以音聲求我，是人行邪道，不能見如來。」色、聲、香、味、觸，都是現象，如果著於相有，就是行邪道，這是因為不知道性空，所以著在相有而無法解脫，而離佛陀甚遠，不得見如來。

佛法最可貴處，是讓我們有解脫的智慧，佛法的智慧是不共其他宗教的。信仰的心是共所有宗教，沒有信仰則不稱為宗教。而幾乎所有宗教都是勸人為善，唯有佛教的智慧不共其他宗教，尤其是解脫的智慧。解脫要靠性空，性空讓我們有解脫的機會——求個人的解脫，就行解脫道；希望能幫助眾生解脫，就行菩薩道。

世間法裡，一般人最難捨的是親情，然而若能對照《金剛經》，我們就可以觀想「佛說兒女，即非兒女，是名兒女」。兒女和父母也是緣起法，是因緣所成的現象，但是所謂兒女，也是性空，會不斷地變化，所以說非兒女；長大也會男婚女嫁、為人父母。也因為性空，親子關係也會發生變化，這一世是你的兒女，下輩子就不見得了，所以只不過是今生名為兒女。佛法很寬廣地看待一切與我們有緣的眾生，認為他們都可能是我們過去生的父母、兄弟、姊妹，雖然自己現在的肉眼已經不認識他們，但是緣分會持續下去。我們這輩子所結的因緣，都有可能在未來又成為我們的父母、兄弟、姊妹。因此，佛法的慈悲是廣大無邊的，能以無緣大慈、同體大悲之心，度化一切眾生，甚至將一切眾生視為父母、兄弟、姊妹。佛法的慈悲心是如此深廣，也是透過緣起性空而來。

（六）以二道五菩提為修行次第

《金剛經》的經文架構分為三部分：序分、正宗分、流通分。序分是開場白，正宗分是正文，流通分是結語。正宗分包括：般若道次第、方便道次第，簡稱為二道：般若道、方便道。五菩提含括：發心菩提、伏心菩提、明心菩提、出到菩提、究竟菩提，其中的明心菩提是般若道和方便道的交會點。第一階段的發心菩提、伏心菩提、明心菩提屬於般若道，第二階段的明心菩提、出到菩提、究竟菩提屬於方便道，合稱為二道五菩提。

三大阿僧祇劫的修行歷程，就是二道五菩提，讓我們能清楚從凡夫到成佛的過程。整部《金剛經》，都是建立在二道五菩提之上。方便道和般若道的差異之處在於高度不同，方便道其實就是成熟的般若道。印順導師用金子來做譬喻，般若道就像金子，而方便道則如進一步打造金飾，發揮更多的用途。通達諸法空性可引發巧用的方便，但若離了空慧，方便將不成為方便。般若偏重法性的空慧體證，方便則側重於度化眾生的慈悲大行。

二、發心菩提

（一）法會的緣由

如是我聞：一時，佛在舍衛國祇樹給孤獨園，與大比丘眾千二百五十人俱。爾時，世尊食時，著衣持鉢，入舍衛大城乞食。於其城中，次第乞已，還至本處。飯食訖，收衣鉢，洗足已，敷座而坐。

東晉道安法師認為，每一部佛經的結構，都可以分為：序分、正宗分、流通分。我們認識一個人，都是先從臉來開始識別，「序分」就像臉，讓我們知道講經緣起；「正宗分」就像身體的五臟六腑，是佛經的主要內容；「流通分」則像是雙腳，可以四處行走。

「序分」又可分為「通序」和「別序」，證信序是通序，發起序是別序，別序是佛經的個別不同啟教因緣。佛經的「通序」，是所有佛經所通用的序文，常從「如是我聞，一時，佛在某某處與某某大眾俱」開展而成，以此明確指出時間、地點、說法者、與會人物，證明所聞之法確實無誤，讓眾生能因而起信，所以通序也稱為「證信序」。

通序必有「六成就」：信、聞、時、主、處、眾，這是一部經必須具備的六種因緣。

1.信成就：經文的「如是」二字，是已建立對佛法的信心。佛法大海，唯信能入。

2.聞成就：經文的「我聞」二字，是佛經結集者阿難尊者自稱，表示是從佛陀處親耳聽聞，即佛如是說，我如是聽。

3.時成就：經文的「一時」二字，代表說法的時間。因各地的時間不一、曆法不同，泛稱為一時。

4.主成就：經文的「佛」字，代表佛是說法化導之主。

5.處成就：即是說法處，《金剛經》的說法處是舍衛國的祇樹給孤獨園。

6.眾成就：即是聞法之眾，《金剛經》的聞法眾是一千二百五十位大比丘僧。

由此可知，《金剛經》的證信序，即是經文啟首的：「如是我聞：一時，佛在舍衛國祇樹給孤獨園，與大比丘眾千二百五十人俱。」簡單說明《金剛經》的說法因緣是可信的，在過去的某時，佛陀曾在舍衛國祇樹給孤獨園，宣說了這一部《金剛經》，當時有一千二百五十位大比丘僧在場聞法。

證信序的內容，也就是由阿難說：「如同以下的所有經文，都是由我阿難，從佛陀那裡聽聞來的，某個時段，由佛陀為說法主，在舍衛國祇樹給孤獨園這個地方，當時僧團有一千二百五十位比丘，共同聽聞佛陀說法。」

「與大比丘眾千二百五十人」，可以看出佛教那時已是一個大僧團。記得這輩子第一次去印度朝聖時，我非常感動地說：「我竟然走進了經典，真是不可思議！」雖然去印度朝聖很不容易，但是鼓勵大家一生至少要去一次，要回到佛陀的故鄉，感受佛陀所處的國度，倍感親切，並且可以培養宗教情操，這是信仰入門很重要的基礎。

佛教的僧團是如何形成的呢？佛陀成道是在印度的菩提迦耶，他成道後，心想該如何傳法呢？曾經陪著他一起修行的五個侍者：阿若憍陳如、跋提、婆波、摩訶男、阿說示，和佛陀的修行因緣最深，佛陀入定用佛眼觀照他們正在鹿野苑苦行。由於二千五百年前沒有汽車代步，佛陀就步行到鹿野苑，持續走了好幾個月才抵達，也終於度化了五侍者為五比丘，佛教的僧團因而於人間成型。

五比丘先前之所以離開佛陀，是因為他們看到昔日服侍的主人竟然放棄了六年的苦行，誤以為他退失道心，所以就一起離開了。他們在鹿野苑看到佛陀前來的時候，都想著不要理會這位退失道心的主人，想不到卻不約而同地自動起身迎接，並且主動地跪拜佛陀。這是因為佛陀本身偉大德行的攝受力，讓他們心甘情願完全降服在佛陀的座下。

記得我第一次到華雨精舍拜見印順導師時，那也是很大的攝受力。我們一行人都不自覺地跪拜下來，直覺不跪拜不是對不起導師，而是對不起自己，因為真切感受到導師德行的攝受。

佛陀度了五比丘後，陸陸續續有許多弟子隨佛出家，其中的迦葉三兄弟，各帶五百人、兩百五十人、兩百五十人，共計一千位弟子一起出家。然後，舍利弗和目犍連，又帶了二百五十名弟子出家，所以總數約千二百五十人俱。出家團體稱為和合僧，是因僧團要六和合共住，實踐「六和敬」：身和共住、口和無諍、意和同悅、戒和同修、見和同解、利和同均。

《金剛經》序分中的「別序」，也就是「發起序」，各有不同的啟教因緣，內容是：「爾時，世尊食時，著衣持鉢，入舍衛大城乞食。於其城中，次第乞已，還至本處。飯食訖，收衣鉢，洗足已，敷座而坐。」我們從中可以看到佛教僧團的日常生活情況。

佛陀制戒比丘要去托鉢，稱為「乞士」。乞士不是乞丐，乞士是外乞食以養色身，內乞法以資慧命。比丘不只是去乞食，而是透過每天托鉢乞食的機緣，同時把佛法傳播出去。佛教傳入中國後，因為中國傳統社會認為出家人乞食就像乞丐一樣，加上中國是農業社會，僧人可以透過耕種來自食其力，自給自足，便沒有持續印度佛教的托缽乞食傳統。

「爾時」是指那時，「食時」是到了佛陀吃飯的時候，時間大約是上午九點、十點左右。「著衣持缽」，著衣是指搭衣，持缽是手持盛飯的器具。僧人的袈裟有三種：五衣、七衣、大衣。五衣是平常在精舍裡的最簡單穿著，七衣則是在大眾中的穿著，外出需要七衣，比較正式的大禮服則是大衣，後來到了中國就變成了福田衣。

佛陀在舍衛城中平等行化，次第乞食完畢後，就回到原來住的精舍。僧團將所有的食物和在一起，重新分配公平。僧眾吃完飯，便把衣缽收好。由於僧人外出都是赤足出門，所以佛陀先把腳先洗乾淨，然後敷設座位，端身正坐，開始為弟子們說法。

從《金剛經》的「發起序」，可以知道講經的緣起，並從中知道般若就在日用中，不是遇到特殊的狀況才要用般若，而是平常生活就要用般若來思考。學佛者的人生觀，應該要把佛法化為我們人生的看法，這樣才有調整自己的機會。

「三業精進」和「三學相資」是《金剛經》的緣起。三業精進是身業、語業、意業都要精進修行，三學相資則是戒、定、慧三學互助共濟。乞食是佛陀制定，屬於「戒」；禪坐屬於「定」；討論佛法、正觀法相，則是屬於「慧」。

般若經典的中心思想在於「悟」，悟什麼呢？一切法無自性，也可說是無自性、空。般若講性空，主要是讓人捨離種種自性妄執，是在捨離對相有的執著，悟入性空。學習般若，離不了戒、定、慧三學，因為是從緣起來看現象，是透過體悟性空來離相，離相才能夠泯相，乃至滅相的現前。

日常的生活場景，都是正觀性空的道場。雖然我們還未證得諸法實相，卻可以戴一副般若的眼鏡，透過緣起性空，重新看待人生，修行般若智慧，就在食、衣、住、行當中。

所謂緣起性空，因緣起而性空，因性空而緣起，這兩者是不相礙的，一個是「相有」，一個是「性空」，性空和相有融然一體。這就像《心經》所說的「色不異空，空不異色」，「色」本身是物質，物質所形成的現象是「相有」，「空」則是「性空」，講的是因緣。雖有「我相」，但是也可以說是「無我」，因為我是性空的。所謂的「我」，不過是四大假合，四大不調就會生病，四大離散就會死亡。相有的當下是性空，也因為性空，相有會不斷地變化。如果能用般若智慧來看世界，人生就會自在無礙。

（二）須菩提請法

「序分」之後，就進入了「正宗分」。《金剛經》的「般若道」，有它的說法次第，從開示次第展開，先請法，也就是「請說」，然後佛陀便「許說」，之後再「正說」，然後談到發心菩提、伏心菩提、明心菩提。

時，長老須菩提在大眾中，即從座起，偏袒右肩，右膝著地，合掌恭敬而白佛言：「希有世尊！如來善護念諸菩薩，善付囑諸菩薩。世尊！善男子、善女人，發阿耨多羅三藐三菩提心，云何應住？云何降伏其心？」

「時」，是指佛陀入三昧中，觀察說法的因緣已成熟，在欲說未說的時候，須菩提長者已洞知佛意，便起身代大眾請法。

1.解空第一的須菩提長者

長老就是長者，是對年高德劭者的一種尊稱。比方須菩提長者，除了在僧團的年紀較長，戒臘較高，還能淨持律儀、悟解深法，而深得敬重。何謂深法？表相所見的法都屬於淺法，因緣法能徹見因緣法性，才是深法。須菩提不但現證道果，而且是超凡入聖的聖者，所以是名符其實的長老，受眾人尊稱「長老須菩提」或「須菩提長者」。

佛陀的十大弟子，智慧第一是舍利弗，神通第一是目犍連，議論第一是迦旃延，說法第一是富樓那，頭陀第一是大迦葉，天眼第一是阿那律，持律第一是優婆離，多聞第一是阿難，密行第一是羅睺羅，須菩提則是解空第一。須菩提理解法性空慧，已經證得「無諍三昧」，也是已超凡入聖的聖者。

聖者會和凡夫爭辯嗎？不會，因為聖者可以超越語言、絕諸戲論。小孩之間吵架是常有的事，但是大人不會找小孩子吵架，如果大人找小孩子吵架，那就不是大人了。凡夫會和凡夫吵架，聖者則不會和凡夫吵架，因為人們往往是為自己而爭，而所謂的聖者，至少已經證得無我，才能稱為聖者。我們為什麼是凡夫，就因為有我執，不但有分別我執、法執，甚至更有俱生我執、法執，一直執著不放。須菩提是已證得無諍三昧的聖者，一心只想幫助眾生，不會和人爭執不下。須菩提不但能隨分徹了性空的深義，而且具有慈悲心。

2. 如來善護念和善付囑

須菩提是本經的請法當機者，他雖然是「解空第一」，理上是空的，但在事相上依然要行禮如儀。因此，他從法座站起來後，便偏袒右肩，右膝著地，這是請佛說法的禮節。

人們為表達對佛陀的敬意，而有「如來十號」的不同尊稱：1.如來；2.應供；3.正遍知；4.明行足；5.善逝；6.世間解；7.無上調御丈夫；8.天人師；9.佛；10.世尊。本段經文提及其中的兩個尊號：如來和世尊。「如來」的梵文為 Tathāgata，廣義可泛指一切佛，狹義則專指釋迦牟尼佛。「世尊」則是對佛陀的尊稱，為梵語 Bhagavat 的意譯，音譯為「薄伽梵」。世尊是如來十號之一，意指世間所尊重者、世界最尊者，在佛教特指對佛陀的敬稱。

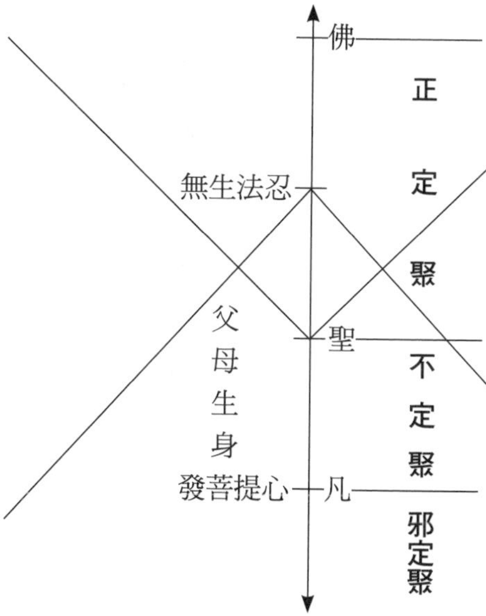

圖十四：邪定聚、不定聚、正定聚

須菩提先讚歎世尊的稀有難得可貴，接著讚歎佛能善護念久學的菩薩，又能將佛法善巧付囑初學的菩薩。眾生可分成三大聚，也就是三大類：邪定聚、不定聚、正定聚（如圖十四）。第一類的邪定聚，是還沒有發菩提心者，不知菩提心為何。第二類的不定聚，是像我們這樣的凡夫，修行時而精進、時而懈怠；由於心性不定，有時很發心，有時一踢到鐵板就起退心，但是至少已經發了菩提心，擁有向上提昇的機會。第三類的正定聚，是久學者，已經驗證到諸法實相，不會從聖者退回凡夫，屬於

「位不退」。

經文說「如來善護念諸菩薩，善付囑諸菩薩」，是說佛陀既護念久學者，也付囑初學者。佛陀除持續護念入正定聚者的久學菩薩，能夠很善巧方便地來引導他們契入甚深的佛道，有機會再繼續向上提昇，得到如來護念而達於究竟；對於初學者，也就是還沒有入正定聚，方剛發心的凡夫菩薩，也能夠很善巧地讓他們不捨大乘的修行，繼續勇猛地進修。大乘佛法之所以能流化無盡，正是因為佛陀能夠護念、付囑菩薩。

3. 發阿耨多羅三藐三菩提心

什麼是「阿耨多羅三藐三菩提」？阿耨多羅三藐三菩提是梵文 anuttara-samyak-sambodhi 的音譯，即是無上菩提、無上正遍知、無上正等正覺，也就是佛的果位，簡稱佛果。「發阿耨多羅三藐三菩提心」是「發菩提心」，佛果是從菩提種子來的，所以我們說要發菩提心，是要先播下種子，發菩提心可說是成佛的第一步。

菩提心是一種覺悟的心，覺悟人生不要只為生活的現象忙碌，不要忙了一輩子，最後萬般帶不去，唯有業隨身。我們有善根因緣聽聞佛法，就要好好把握修行良機，不要以為等到家庭和事業都圓滿以後，再來專心學佛。我以前也會這麼想，後來才發現，等到老了都沒力氣了，這要怎麼學啊？其實應該在有家庭和事業的當下，也能學佛。從現象上來看，我們會覺得必須先做完一件事，再做下一件事，沒有辦法同時多軌並行，但是從因緣上來看，是可以同時運行不悖的，因為我們一直在起心動念。我們在家庭和事業上特別容易和人結緣，如果起善心的機會增多，一切因緣不就有轉善的機會嗎？

所謂「菩提心」，是上求佛道、下化眾生的心。「上求佛道」是讓佛法成為我們人生的指南針，「下化眾生」並非是眾生比我們低下，而是指服務眾生，要我們能發服務眾生的心。服務眾生的方法有很多種，有體力勞動的服務，有運用專長、智力的服務，乃至運用佛法也是一種服務，主要是能否發利益眾生的心。

要發利益眾生的心，才可能從「發菩提心」而達於「三菩提」，也就是所謂的「超凡入聖」。聖者是因為覺悟而正覺，所以修行的道路一定要正確，才不會走偏，才能夠達於正覺。「三菩提」不是三種菩提，「三」的意思是「正」的意思，意思是覺悟的心到正覺，才能稱為超凡入聖的聖者。然後，再把這個正覺去正遍等

圖十五：從發心菩提到阿耨多羅三藐三菩提

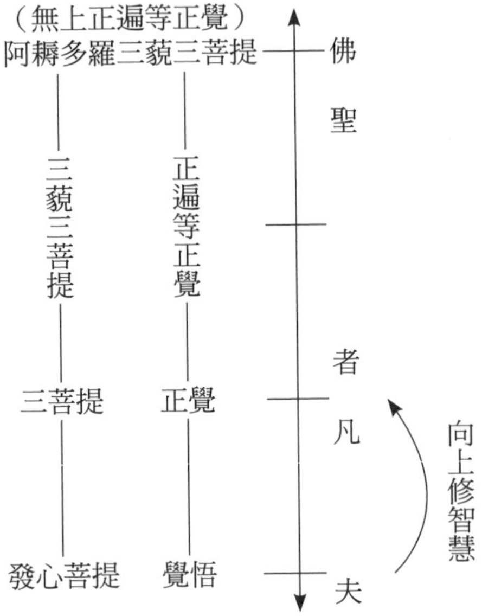

正覺，去周遍給更多的眾生，那就是行菩薩道，稱為「三藐三菩提」，也就是「正遍等正覺」。將正法周遍給更多的眾生，就是幫助眾生至少能有解脫生死的能力（如圖十五）。

我們利益眾生的方式，除了遇到災難發生時，給予救急的財施，更重要的是協助人解除內心的痛苦煩惱，而這就需要法施，也就是佛法的布施。因此，要「正遍等正覺」來利益眾生，直至成佛，到達「無上正遍等正覺」，也就是達於「阿耨多羅三藐三菩提」，這是非常不簡單的，因為要歷經三大阿僧祇劫。

4.安住其心，降伏其心

須菩提長者請教佛陀：「發阿耨多羅三藐三菩提心的善男子、善女人，應該如何安住其心？如何降伏其心？」

善男子、善女人是指佛教的在家信眾，簡稱善男女或善男信女。為什麼須菩提要請教佛如何安住其心？因為在發心菩提後，就要深入究竟的安住，即安住於菩提心。安住於「般若的空性」，也就是安住於「因緣的平等性」。

為什麼只有因緣的平等性可以安住呢？我們不妨想想「現象」能不能安住呢？現象是無常的，離不了緣生緣滅，所以是無法安住的。有句話說「靠山山倒，靠人人老」，我們不要安住在無常的「相有」，而要安住在平等的「性空」。

安住在因緣法的平等性是最可靠的，平等性是可安住的，使我們的菩提心不生悔變。之所以能不落於小乘乃至凡夫外道，而安住菩提心不躁動，是因為我們安住在因緣法的平等性，也就是所謂的「法性空慧」。

如何降伏其心呢？便是「應無所住而生其心」。心是不可能不生的，所以不是要我們不生心，而是要「無所住」。我們的妄念心是一直不斷生起的，卻只能感覺得到第六識所生的心識，第七識的心識非常細微而難以覺知，而且無時無刻地生滅，從來都不停息。

我們經常「有所住」於果報的追求，有時好不容易用功一下，就馬上想要知道自己的功德到底有多少，或是想要得到成績和結果，這也未免要求太急了吧？我們所種下的種子，不可能馬上生根發芽、長大茁壯，必須經過一段時間才可能見其開花結果。面對漫長的等待，最好的態度是「應無所住而生其心」，也就是「只問耕耘，不問收穫」的心。

「生心」本身就是因緣種子，尤其是第七識的不斷生心，是我們掌握不來的；因緣是可以耕耘的，果報是自然成熟而來的。如何播下善種子呢？我們可以努力地耕耘善因善緣，至於什麼時候能獲得果報，那就不得而知了，是無法期待、無法執著得來的，可能十年、二十年，可能下輩子，需要這樣傻傻地等待嗎？能等待那麼久嗎？最好是不要等待，因為果報是因緣成熟時自然顯現，不會因為我們的執著追求而出現。「揠苗助長」的故事，已告訴我們欲速則不達。有個農夫擔心秧苗長不高，就自作聰明地助其一臂之力，用手把秧苗拉高，希望快快長大，結果反而讓秧苗都枯死了。如果那個農夫不貪求果報速成，只管好好地耕耘，讓秧苗自然成長，時間到了便自然能收成。可惜因著一時的貪快，反而造成無法彌補的損失。

所以不要執著、期待結果，修行最重要的是「向善」和「向上」，也就是「修福」和「修慧」兩大原則。向善是修福報的泉源，向上修智慧，是放下執著而來。在因緣方面努力耕耘，果報是自然成熟的，時間到了就瓜熟蒂落。如果在種子成長的過程裡，明知瓜果還沒成熟卻硬要把它摘下來，這樣的瓜果會生澀到無法食用。

《金剛經》的全經宗要，是讓我們安住於諸法實相，離於戲論。我們要清楚自己在「凡夫菩薩」階段的修行目標。我們想要超凡入聖，至少要能慢慢地脫離凡夫性。凡夫性是與生俱來的，不用學習就充滿了執著的特性，修行反而是要離掉執著的特性。換句話說，善法需要學習，惡法不需要學習。執著是與生俱來的，所以不需要學習；反而是捨離執著，才需要學習。如果我們能證得諸法實相而離於戲論，能否現在就離於文字呢？不行，一定要有文字般若，才能夠起正確的觀照般若，也才能達於實相般若。

修行必須腳踏實地下工夫，從文字般若、觀照般若，達於實相般若。當證得實相般若的時候，實相會如實地現前。實相是平等平等之相，證得的當下是絕諸戲論，因為平等到無法言說的，任何言說都帶著自我的執著成分。這是超凡入聖的必經過程，必須透過般若才能夠完成。

「云何應住」的「應住」是「安住」，安住在累劫宿世三大阿僧祇劫的修行。這樣漫長的三大阿僧祇劫要如何安住？三大阿僧祇不是短短一生的歲月，是無窮無盡的累劫宿世，而我們凡夫每經歷一次生死，都會有隔陰之迷，也就是不記得自己上輩子是誰了，因為現象不斷地變化，第六識只能記得現世。如何能突破隔陰之迷呢？要在不斷流轉生死的因緣中，安住於因緣法的平等性，也就是安住在般若的「緣起性空」，特別是「性空」這個部分。因為所有的因緣都是空性，也就是平等性；也因為平等性，不會再起伏躁動不安，而讓我們能安住於因緣法的平等性上。

「云何降伏其心」，我們的心總是在執著追求結果，不懂得過程中的耕耘，這樣的執著就是一種妄想，就是自性妄執。要清楚明白先有因緣才有果報，因緣是需要去耕耘的，果報是自然成的，所以不用去追逐、爭取果報。「應無所住而生其心」，凡夫就是要如此地降伏自性妄執的心，這是修智慧，才能有機會向上提昇。

佛言：「善哉，善哉！須菩提！如汝所說：『如來善護念諸菩薩，善付囑諸菩薩。』汝今諦聽，當為汝說。善男子、善女人，發阿耨多羅三藐三菩提心，應如是住，如是降伏其心。」

「唯然，世尊！願樂欲聞。」

佛陀稱讚須菩提：「問得太好了，太好了！」須菩提是解空第一的長者，善於請教空法，他不是為自己請法，而是在為未來的眾生設想，也就是現在的我們。我們因為有須菩提的請法，才有聽聞空法的機會。佛向須菩提說：「如同你所說的，如來本身確實是善護念諸菩薩，善付囑諸菩薩。」佛不但對於護念久學的菩薩，對於初學的菩薩更是仔細地叮嚀教誨，循循善誘。雖然佛陀的果位很高，但是佛陀說法皆以眾生為主，不是以個人來考量。

佛允諾回答須菩提關於「云何應住」、「云何降伏其心」兩個問題。「既然是由你來為大眾請法，你就要好好地聽，讓我來為你們說法。善男子、善女人發阿耨多羅三藐三菩提心，也就是成佛的大心，應如同以下所說來安住，也如同以下所說來降伏我們的心。」

須菩提聽到佛答應說法了，很歡喜地說：「是的，我們都願意聆聽您的解說與教導。」

般若道部分的經文，在須菩提「請說」、佛陀「許說」後，便進入「正說」。正說的內容，就是發心菩提、伏心菩提、明心菩提。

（三）發菩提心

成佛之道，分為般若道和方便道二道，「發心菩提」即是開始踏上成佛的道路。般若道經過「伏心菩提」達於「明心菩提」後，便進入方便道，從「出到菩提」到達「究竟菩提」。

整個三大阿僧祇劫的修行，就是二道五菩提，般若道和方便道的歷程雖然都是發心、修行、證果，但是般若道屬於世俗諦，方便道則屬於勝義諦，兩者的修行高度是不一樣的。我們先來認識二道五菩提的第一個階段：般若道的「發心菩提」。

1. 發願度化三界四生

佛告須菩提：「諸菩薩摩訶薩應如是降伏其心：『所有一切眾生之類，若卵生、若胎生、若濕生、若化生，若有色、若無色，若有想、若無想、若非有想非無想，我皆令入無餘涅槃而滅度之。』如是滅度無量、無數、無邊眾生，實無眾生得滅度者。」

菩薩是菩提薩埵簡稱，菩提是覺，是上求佛道，下化眾生，薩埵是有情眾生。菩薩是以佛法化導眾生的有情，簡稱覺有情，可分為三個階段。

第一個階段是「凡夫菩薩」，第二個階段是「聖賢菩薩」，第三個階段則是「菩薩摩訶薩」。菩薩摩訶薩是「伏心菩提」完成後的「明心菩提」果位。因為菩薩摩訶薩成佛前，難免還是會有所執著，所以隨時都要調伏執著的心，也等於是以「出到菩提」來調伏執著的心。菩薩摩訶薩要度化所有一切眾生，包括卵生、胎生、濕生、化生等四生，以及有色無色、有想無想的所有眾生，都想要讓他們證入到無餘涅槃的程度，而來度化他們（如圖十六）。

三界眾生也可以分成六道，也就是天道、人道、阿修羅道等三善道，與畜生

圖十六：入無餘涅槃

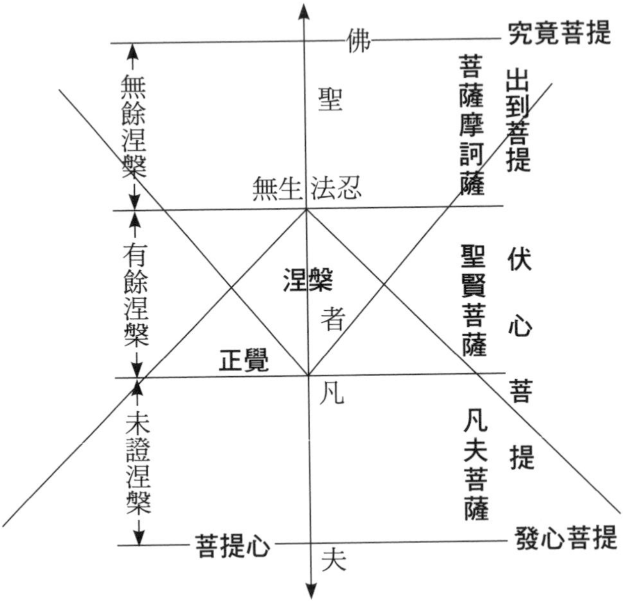

道、餓鬼道、地獄道等三惡道，六道如省略阿修羅道，則稱為五趣。天趣包含欲界六天、色界天和無色界天，人趣、畜生趣、餓鬼趣、地獄趣則在欲界。

眾生可分作三類（如表一）：

⑴依出生的方式分類

從眾生出生的方式來說，可分為：胎生、卵生、濕生、化生四種。1.胎生：經由父精母血結合，不離母體孕育胎兒，直到根身完成，脫離母胎而生，如人與獸等。2.卵生：由母體生卵，但與母體分離，再加以孵化而生，如飛禽等。

3.濕生：亦由母體產卵，脫離母體後，必須在水裡配合溫度而繁衍，如昆蟲之類，像孑孓等。4.化生：由於業力成熟而突然產生，如餓鬼、地獄、天人等眾生，直接化生。

(2)依有色和無色分類

從眾生的自體有無「色（物質）」來說，有色的，如欲界、色界的眾生；無色的，如無色界眾生。有關無色界眾生，有說無粗色，但有細色；另有說連細色也無，僅存心識的活動。

(3)從有無心識來說

從眾生的有無心識來說，有心識是「想」。想可分為三類：1.有想的：如人趣及欲界中的天人都有想，心多雜亂，除非入禪定。2.無想的：如外道無想定的果報，名無想天。無想天，有說無粗顯的心識，只有細微的心識，另有說任何心識都不起。3.非有想非無想：亦即非想非非想，為無色界的最高層「非想非非想處天」的眾生，雖沒有粗想——非有想，但不是沒有細想——非無想，仍取著三界的細想，無法解脫。但印度某些宗教師，以為達到非想非非想處，就是涅槃解脫了。

表一：三界眾生

三界	五趣	四生	想	色
無色界	天趣	化生	非有想非無想	無色
色界			無想	有色
欲界			有想	
	人趣	胎生		
	畜生趣	胎生、卵生、濕生		
	餓鬼趣	化生		
	地獄趣			

2.有餘涅槃和無餘涅槃

什麼是「涅槃」？涅槃並非佛教的專有名詞，在印度來說，從痛苦消除而得自在，就稱為涅槃。涅槃在印度是很普遍的用詞，他們經常挨餓受苦，當他們吃飽的時候，拍拍肚子說：「我涅槃了！」因為解除了挨餓的痛苦，所以說自己涅槃了、解脫痛苦了。

雖然涅槃在印度是很普遍的生活用語，但是對佛教而言，則是專指解除人生最大的痛苦——生死輪迴，因此對生死的解脫，就稱為涅槃。涅槃是依循著真理法則的修行，達到聖者驗證真理現象的現前，足以讓心量小的聲聞、緣覺個人生死解脫；心量大的菩薩，則是依著涅槃的本質，幫助眾生解脫生死，這是量上的擴大，所依的即是涅槃的本質，可見涅槃在佛教的修行是多麼重要！

外道能透過四禪八定，得到一種寂靜的感覺，但這只是定境的自我陶醉而已。佛法所說的涅槃，不是這種暫時的安樂，而是徹底的生死解脫，關鍵在於般若智慧的觀照，達到實相般若的現前，必然是定慧均等的境況。

佛法所說的涅槃有兩種，一種是有餘涅槃，另一種是無餘涅槃。我們凡夫都具有父母生身，尚未證得涅槃，當超凡入聖的聖者證得涅槃境界，達於見道位後，一直到證入七地圓滿無生法忍前，仍然具有父母生身，卻不斷地分證佛陀的法身，量上的擴大，也就是人身的長大，這一階段是「有餘涅槃」，因為還有父母生身，仍然脫離不了生死輪迴，但能清楚明白生死流轉。

修行的最後一階段就是無生法忍——八地以上菩薩的變易生死身，可以分身無數億。隨處祈求隨處現的菩薩摩訶薩在此階段屬於「無餘涅槃」，現出隨時短暫的緣生、緣滅的色身，也就是「意生身」，不像八地前只要具有「父母生身」，一定要經過生、老、病、死的漫長過程。

菩薩摩訶薩發的心，是讓所有三界的眾生，無論是四生或有色、無色、有想、無想等，都得入無餘涅槃，而滅度眾生生死之苦。因為菩薩摩訶薩，雖尚未成佛，本身已經達於無餘涅槃，所以能引導眾生達於無餘涅槃。菩薩摩訶薩是用他現有的能力去度化眾生，但如是滅度無量無數無邊的眾生，而實無眾生得滅度者。為什麼實無眾生？就因為眾生是性空的，因緣法沒有不變性、獨存性、實有主宰性的存在，既然沒有實有性存在，所有的一切都不是實有不變的現象。

假如我手上拿著一朵花，這朵花應該說是實有的或是幻有的呢？雖然我們覺得花是很實在的存在，但是花如果是實有的話，就不應該會枯萎；既然花會變化、枯萎，就不是實有不變的。

這就像我們是眾生，但不是實有的眾生。我們只是幻有的眾生，是不斷地緣生、緣滅的眾生。所以菩薩度化眾生，不能對眾生起執著，以為度一個算一個，度兩個算一雙，度十二個算一打……，因為執著而錙銖必較，這樣能稱為菩薩嗎？這就不名為菩薩，菩薩不具有這樣的自性妄執，更何況是菩薩摩訶薩呢！

3. 菩薩不能著相度化

何以故？須菩提！若菩薩有我相、人相、眾生相、壽者相，即非菩薩。」

佛陀問須菩提為什麼會這麼說呢？原因在於如果菩薩執著有我相、人相、眾生相、壽者相，就不是菩薩了。菩薩不能著相度化，如果是著相度化，菩薩就不得自在，就不名為菩薩。

菩薩只能隨緣盡分地去度化眾生。其實度一位眾生不見得算一位，因為有的人好不容易被度化進了佛門，卻因為種種因緣又離開了；或有時本來只是度化一個人，其他許多人卻一起得度，這一切都是無法算計的。菩薩度化眾生，不能執著眾生，只是隨順因緣，克盡本分而已，是一種無所求的心。

有人問：「我發願一定要度一萬人、兩萬人，甚至是五萬人，我這麼發心，難道就不名為菩薩嗎？」主要是菩薩如果有我相、人相、眾生相、壽者相上的執著，就會有得失心，就難以長長久久，所以不名為菩薩。我們凡夫雖然發心行菩薩道，卻都有這些相的執著而落入差別相，反而遠離無我的般若智慧，無法降伏自己的心而安住於菩提心，更遑論世世常行菩薩道。

菩薩道是從事平等的生命實踐，讓我們原本不平等的心，透過第六識攝相從性，從相有進入性空，進入性空而轉迷啟悟，將雜染的第七識轉為平等而清淨，才能轉染成淨，最終出清第八識雜染種子，轉識成智。發心菩提，所發的是無所住的心，也就是無所求、無所得的心，這才是真正的菩提心（如圖十七）。

我、人、眾生、壽者，都是眾生的異名，眾生就是執著這些相，而以此為實。

(1)我相

我，就是主宰義。常人都想要自己作主，並且支配他人的意欲，所以稱為我。在有生之年，呈現出隨時變化中的「我相」，並非實有不變的「我相」。

(2)人相

生而為人，就應該盡人、行人的本分事，稱為「人相」。千萬不可做衣冠禽

圖十七：菩提心轉化第六、第七、第八識

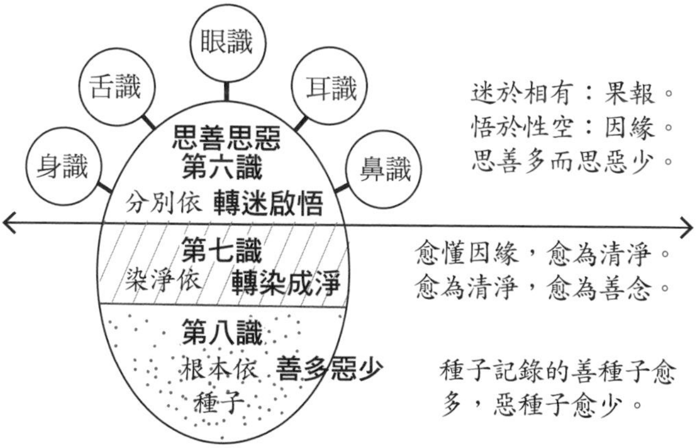

獸的事，若是如此，將來就可能墮畜生道。而且人是最有學佛修行的因緣，應該好好把握，若不懂得修行，如入寶山空手而歸，白活一輩子，非常可惜。

(3) 眾生相

眾生，是五蘊和合而生，也是精神與物質和合，因緣貫穿三世而生，所以我們於生生不已的生命之流，每一輩子都呈現眾生相。但人既然是隨眾緣生而生，也必然隨眾緣滅而死，從前生到今生，從今生至來生，不斷地生了又死，死了又生，這就是生命流轉的「眾生相」。

(4) 壽者相

壽者，是眾生從生到死所成就的命根，一

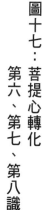

期生命的延續，有長有短，而形成「壽者相」，在人生過程中，呈現出年輕、年老的差別相。

通達我、人、眾生、壽者的無相，就是般若智慧的妙用。凡夫因為執著於相，而著於我、人、眾生、壽者的差別相，因而起惑、造業，乃至輪迴生死不已。般若通遍一切法，就是以般若的法性空慧，徹悟一切法相的空無自性；放下自性妄執，才能達於聖者無我相、無人相、無眾生相、無壽者相的平等相和無差別相，而驗證諸法實相，即平等而寂靜的境界。然而這一切法的根本關鍵，就在於發成佛的大心——菩提心，此乃世世常行菩薩道，乃至於成佛的大乘法種。

三、伏心菩提

（一）不住相布施

「發心菩提」之後，接下來是「伏心菩提」。

「復次，須菩提！菩薩於法應無所住行於布施，所謂不住色布施，不住聲、香、味、觸、法布施。須菩提！菩薩應如是布施，不住於相。何以故？若菩薩不住相布施，其福德不可思量。」

「復次」是再來的意思。佛陀為什麼要告訴須菩提「菩薩於法應無所住行於布施」？因為菩薩道要行六度萬行，六度以布施為首，但是要用無所住、無所求、無所著的心。布施本身是善心，六度都是善心，但是要無住生心，不僅生菩提心，還要去實踐。「因」是起心動念，有善因、惡因，而「緣」是因為執著而付諸行動，有向內聚合的特質。有句話說「無緣對面不相逢」，只有因，沒有緣，則無法結為果報。所謂的佛法，不只是思考的哲學，佛法的可貴在於透過佛陀教導正確的思想，來修正我們原本錯誤的思想，並且還要付諸行動與實踐，比如要以無住心行於布施造善業。

要如何無所住而行於布施呢？不住色布施，不住聲、香、味、觸、法布施，也就是不住相布施。

圖十八：般若是緣起性空

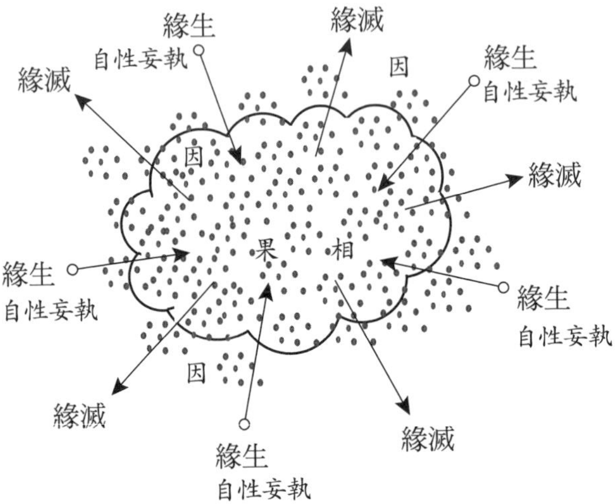

緣生＋緣滅＝緣起（果相）

　　　　　　性空（因緣）否定｛不變性、獨存性、實有主宰性｝＝平等性

不住於相，是因為所謂的相，有眼識相對的色境、耳識相對的聲境、鼻識相對的香境、舌識相對的味境、身識相對的觸境、第六識相對的法境，這些都是屬於相有的現象。相有是無常相，隨因緣和合而生，也隨因緣離散而滅，是不可靠的（如圖十八）。

我們為何往往一直想要在果報上有所收穫呢？就是因為我們執著相有。一旦死亡，如同拔掉第七識的生命插頭後，第八識也跟隨第七識一起走，

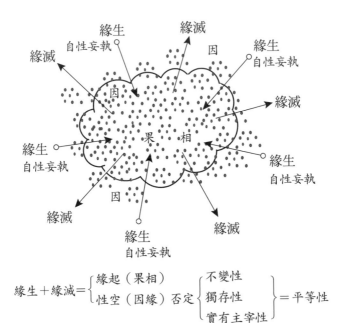

圖十九：萬般帶不去，唯有業隨身

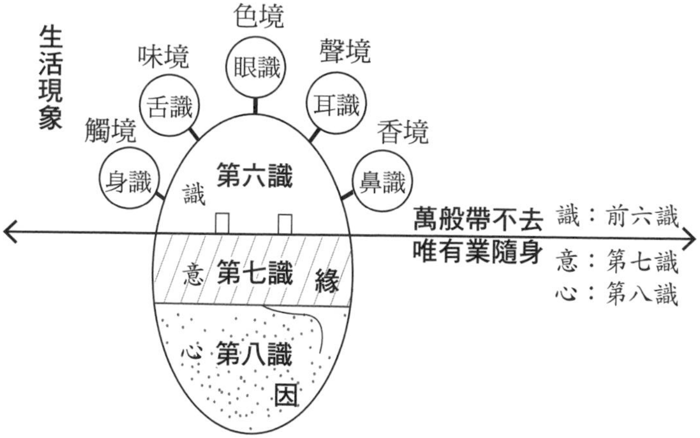

就不再具有生命現象了。色身、家屬、錢財、事業……，「萬般帶不去，唯有業隨身」。所謂的「業」，就是第七、八識中的眾多善惡因緣（如圖十九）。

我們要能夠不住色、聲、香、味、觸、法等布施，總說就是「菩薩應如是布施，不住於相」，這裡的「住」就是執著。因此，布施的方法就是要不住於相，不執著於追求果報。為什麼這麼說呢？因為若菩薩不住相布施，福德就不可思量，若住相布施，福德則是可思量的。換句話說，福德大小是看我們的心量，心量愈小愈執著，所獲得的福德就愈小，心量愈大愈不執著，所獲得的福德就愈不可限量，所以福德大小的關鍵在於心量。布施、持戒、忍辱這些功德，不是自己想要多少就能獲得多少，而是透過心量來決定大小。開拓心量的方法，是要讓心不起執著，透過性空來打破我們心量的界線。

在《地藏經》的〈校量布施功德緣品〉也說到，同樣的布施，有的人一生受福，有的人十生受福，有的人百生、千生受福，關鍵在於布施者的心量，如果能不住相布施的話，其福德是不可思量的。

「須菩提！於意云何？東方虛空可思量不？」

「不也，世尊！」

「須菩提！南、西、北方，四維、上、下虛空可思量不？」

「不也，世尊！」

「於意云何」，是佛陀問須菩提：「你聽到這裡，有沒有什麼意見啊？有沒有什麼問題啊？」佛陀說法都是循循善誘，而不是權威式的教導：「你一定要這樣想，一定要那樣聽。」佛陀會殷殷懇切地問有沒有什麼問題和想法。

「東方虛空可思量不」，意思是我們能否想像東方虛空的量有多少？能不能思量啊？「可思量不」的「不」字就是「否」的意思。須菩提回答佛說：「不可思量！」

我們往東方看虛空，無法說它到底有多大，畢竟在二維的線上來說，兩邊都是無始無終，那麼在三維的空間有沒有邊界呢？宇宙空間是沒有邊界的。不只往東方無法想像虛空的邊界，往南方、西方、北方，甚至是東南方、西南方、西北方、東北方等四維，以及上方和下方的虛空，都無法想像。因此，當佛陀再度詢問須菩提時，他的答案也是否定的。

「須菩提！菩薩無住相布施，福德亦復如是不可思量。須菩提！菩薩但應如所教住。」

無論是哪個方向的虛空都是不可思量的，所以佛陀對須菩提說，如果菩薩能無住相布施，菩薩的福德也會如是不可思量。菩薩能無住相布施，也就是無所求的布施，不求回報的布施，這不表示福報不會現前，而是當因緣成熟時，福報會自然現前，福報不是追求來的，是自然呈現出來的。

所以佛陀叮嚀須菩提：「菩薩但應如所教住。」要如佛陀所教導的這樣，來安住自心。我們的心要如何安住呢？就是要安住在因緣法的平等性上，也就是空性。空性就是平等性，是可安住的。相，能不能安住呢？相是無常的緣生緣滅現象，所以是無法安住的。

伏心菩提的修行法，首先是發心菩提以「上求佛道，下化眾生」。我比較不喜歡用「下化」，因為我們會以為自己比眾生還更高更上，事實上是沒有上下之別的，之所以用「下化眾生」，是因為相對於「上求佛道」故。其實我們就是發心來服務眾生，可以提供多種的服務，無論是財施、法施、無畏施，都是在服務眾生。要利濟眾生，首先要降伏自己的煩惱，達到自利利他的圓成。

發願是起點，從發心菩提進而伏心菩提，透過修行與實踐降伏煩惱，一直到七地圓滿，完成伏心菩提。菩薩的修行不外乎六度萬行，但五度如盲，般若為導，發菩提心是以大悲心度眾生為上首，是以布施來統攝利他的六度，所以有財施、法施、無畏施。「財施」是無論是財物、體力、專長，都能去利濟他人；「法施」是以精進、禪定、般若來利益眾生。「無畏施」則是透過持戒與忍辱，令眾生離諸怖畏。我們透過持戒不去傷害眾生，透過忍辱好好看守自己，不讓眾生起怖畏心。

伏心菩提是一種修行的實踐，透過六根、六境、六識來修行。根、境二和合生「識」，稱為「作意」；根、境、識三和合生「觸」。除了依眼根緣色境，生起眼識相應觸，尚有耳識相應觸、鼻識相應觸、舌識相應觸、身識相應觸，以及最重要的：依意根緣法境，生起的意識相應觸，這是我們修行的關鍵（如圖三）。

修智慧資糧，是由凡夫的無明觸，一直到聖者的明觸，也是伏心菩提的完成。其實修行是不斷地啟發善念，加上放下執著，廣結善緣，點點滴滴善惡因緣「全都錄」，所累積而成的福德。想從諸法顛倒相證入諸法實相，除了修福德因緣以外，還要修智慧資糧，由文字般若、觀照般若，證悟實相般若，必須福慧雙修，解行並重（如圖二十）。

圖二十：無明觸至明觸

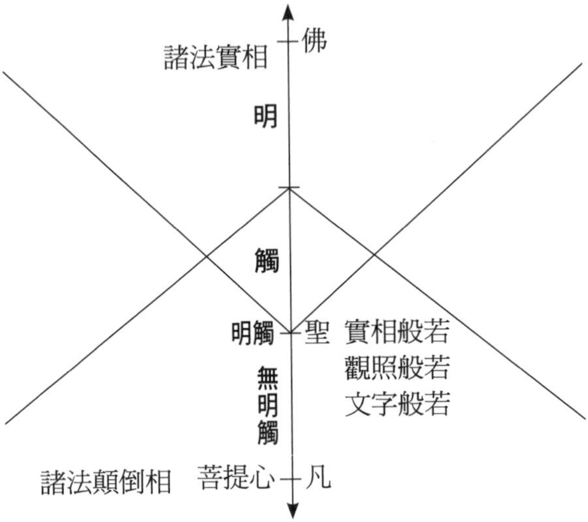

（二）心量無限，福德無限

我們要能不住相地布施，要應無所住而行於布施。其實不只是布施，持戒、忍辱、精進、禪定等都是在耕耘因緣。之所以要不住色布施，是因為所謂的色，已經呈現了相，相就是果報，而不去執著色、聲、香、味、觸、法相的布施。不住相布施，其福不可思量。但是我們如果住相布施，有沒有福德呢？還是有的，只是那是有限有量的福德，如果我們的心量無限，福德就是無限。心量能夠無限，即能不住相布施，不為自己求安樂，但願眾生得離苦，總而言之，有相布施就不能通達「三輪體空」。

所謂「三輪體空」，「三輪」是指布施者、受施者、布施物。如果透過性空來看，這三者都是性空的，都是隨著因緣而不斷變化的。所謂「性空」，即是一切因緣都是會變化的，如果是有相布施，功德就是有限有量，而且最大不過於是世間人天有限的福報，只能修人天的福德而已，很難能流轉到下輩子去，透過因緣法，才能流轉到來生來世。

生死流轉，需要透過因緣，才能夠轉動。世間所有一切有相，一旦臨終之後，是萬般帶不去的。像是存摺、學歷、房契等現象都帶不走，不可能死後燒一燒，就能帶著存摺、學歷、房契轉生下輩子，我們都是透過因緣而流轉的。因此，如果將存摺裡的錢拿去做布施或供養，這就能透過現象化為因緣，那是可以流轉的。如用虛空來做譬喻，不住相布施就如同虛空一樣，虛空是無所有、不可著、不可得、不可說，它是無量的，沒有邊際的，所以無相布施的自性，一樣是不可得的，因為性空的緣故。

我們要無所住而行於布施，不住相布施，乃至不住色、聲、香、味、觸、法諸相布施。因為不住相布施，其福不可思量。菩薩但應如所教住，要安住在這樣的教法裡，安住在因緣法的空性、平等性。

「發心菩提」是以願力度化眾生為主，與般若相應，重在我空。「伏心菩提」是以實行利濟眾生為主，與般若相應，則擴大範圍重在法空。

四、明心菩提

「伏心菩提」之後，接下來進入「明心菩提」。明心菩提就是真理現象如實地現前，驗證到聖者的諸法實相，這是透過「伏心菩提」的過程，折伏凡夫有所求、有所住、有所執著的心。明心菩提所談的內容很多，包括法身離相而見、眾生久行乃信、賢聖無為同證等。

（一）法身離相而見

「須菩提！於意云何？可以身相見如來不？」

「不也，世尊！不可以身相得見如來。何以故？如來所說身相，即非身相。」

佛陀講到這裡，又問須菩提有沒有什麼意見，並問他見如來是不是要見如來的身相呢？解空第一的須菩提回答：「不可以身相得見如來。因為如來所說身相，是緣起的，性空的，所以非實有身相，只是假名為身相。」在此，省略了《金剛經》中三句論述的「是名身相」一句。

佛告須菩提：「凡所有相，皆是虛妄，若見諸相非相，則見如來。」

「凡所有相，皆是虛妄，若見諸相非相，則見如來。」凡是呈現出來的一切現象，都是因緣和合而生，也會隨因緣離散而滅，所以說是虛妄不實的。如果我們能看透這一切，都是由因緣排列組合出來、緣生緣滅的現象，就是透過因緣法「性空」法則，呈現出「非相」，由此深觀因緣法的平等性，不斷地放下自性妄執，修行果位就可以向上提昇到究竟圓滿，如同見到佛陀依法修行而達於圓滿。佛陀清淨的法身是離相而見的，如果著相是見不到的，明心菩提是七地菩薩的圓滿，現證法性空慧，得無生法忍。七地圓滿的菩薩，是「山河及大地，全露法王身」，世界萬物都是佛的法身。見緣起即見佛，見緣起也等於見性空。

七地菩薩圓滿明心菩提，等於是圓滿了般若道。般若道分為三個階段：發心菩提、伏心菩提、明心菩提，先發心立菩提願，之後的伏心菩提，則是要修悲濟的行動，要付諸實踐。到了明心菩提證性空見，則驗證了性空見。因此，修持般若道，要先安住在菩提心，以般若來修悲濟行、扶持大悲願，也就是以般若來導六度行，最後的明心菩提，則是悟如實義，以般若來驗證實相，就是諸法實相。

佛說「若見諸相非相，則見如來」，所以要見如來，最可貴的是要能夠見到諸相的緣起。但是也要知道諸相的性空，它是唯名的，也就是假名為如來，這樣才能見如來。換句話說，見到如來，要透過緣起性空。

雖然佛陀的身相入滅了，但是法身常存，所以能流傳到現在。我們如能見法，見諸相非相，就等於見到如來。明心菩提也是如此，法身要離相而見。

（二）眾生久行乃信

到達於「明心菩提」，必須經歷三大阿僧祇劫的修行，而且必須具備四個條件：戒慧具足、久集善根、諸佛攝持、三相並寂，所以要累劫久修才能深信不疑般若法門。

須菩提白佛言：「世尊！頗有眾生得聞如是言說章句，生實信不？」

須菩提請教佛陀：「很多眾生是不是一旦聽聞了佛所說的般若，緣起性空的甚深法義，就能夠馬上生起紮實的信仰心呢？」「生實信不」的「不」，是一個疑問句。須菩提擔憂眾生聽聞般若後，是否能立即相信，所以提問。

1. 戒慧具足

佛告須菩提：「莫作是說。如來滅後，後五百歲，有持戒修福者，於此章句

能生信心，以此為實，

佛告訴須菩提，這可不容易呢！佛之所以說，在佛滅後的後五百年，仍有持戒修福者能生信心，就表示般若法門並非佛陀這麼說，大家就能夠相信。尤其在佛陀的時代，是以聲聞為主，菩薩道還不是主流，主流是解脫道。

般若經典屬於大乘佛法，大乘佛法的興起是在佛滅五百年後，也就是西元一世紀才得以開展。所以等到大乘菩薩道成為主流，並且是持戒修福者，能對般若法門這樣的言說章句生起信心，以此為實，這是很不容易的。必須要戒慧具足，不僅持戒，而且他的慧根還要相當具足。

2.久集善根

當知是人不於一佛、二佛、三四五佛而種善根，已於無量千萬佛所種諸善根。

能深信般若法門不疑的人，必然是久集善根，是累劫宿世累積善根而來，所以當知這樣的人不是僅於一佛、二佛或三、四、五佛而種善根，實際上已於無量千萬佛所種下的善根。

在生生不已的生命之流，我們要值遇一佛、二佛，甚至三、四、五佛，真是很不容易！像我們在娑婆世界，還有機會能夠遇到釋迦牟尼佛的下一位佛——彌勒佛，但這也要等到五十七億年後。值遇一佛已是如此不容易，更何況要值遇無量千萬佛所，而且要種下善根因緣，所以是久集善根者，才能夠相信佛陀所說的般若法門。

唯識學的《解深密經》也說，要五事具足者，才能夠直接學般若：「已種上品善根、已清淨諸障、已成熟相續、已多修勝解，已能積集上品福德、智慧資糧。」「成熟相續」的意思是，這輩子要能夠累積，下輩子也要一直不斷地累積。

我們修行有個很大的障礙，就在於「隔陰之迷」，投胎轉世後，便對過去生不復記憶。面對隔陰之迷，唯有多修勝解的因緣法才能累積，也只有透過因緣的流轉，才能世世成熟相續，並且透過性空的因緣來突破與清除諸多障礙，才能播種上品的善根因緣與福德智慧資糧。所以要五事具足，才可能直接學般若法，由此可知，我們現在能聽聞《金剛經》是多麼殊勝的事。

3. 諸佛護持

聞是章句，乃至一念生淨信者。須菩提！如來悉知悉見，是諸眾生得如是無量福德。

在盡虛空遍法界的整個宇宙世界中，不是所有的世界都有佛法，而在有佛法的世界，都各有不同的佛陀成為那個世界的導師。如娑婆世界由釋迦牟尼佛當導師，極樂世界由阿彌陀佛當導師，淨琉璃世界由藥師佛當導師。所有佛陀所教導的，無非是要讓眾生懂得如何依法修行，依著什麼法呢？最核心的就是般若，就是因緣法。所以我們說因緣法超越時間、空間，宿世劫以前，也是依著因緣法來修行，現在世還是如此，未來世也一樣。所以能夠獲得諸佛的攝持，能夠聞是章句，乃至只是一念生淨信者，都是非常難得可貴的。

佛對須菩提說：「如來悉知悉見，是諸眾生得如是無量福德。」為什麼佛說他悉知悉見？因為佛就是透過性空而通徹一切，所有這一念生淨信者，就是性空。在無限無量的世界當中，每一個世界都有無量無數的眾生，每一個眾生有無量無數的心念，但是所有的心念都脫離不了「緣起性空」。緣起性空是真理法則，是遊戲規則，它通徹一切。

透過性空，如來才能悉知悉見眾生心行。我們要能夠與佛陀相應，尤其在智慧上，要透過般若性空，才有機會慢慢地提昇修行的果位；而眾生能夠獲得如是無量福德，是因為有諸佛的攝持。

在同一個法會，許多人來聽法，有的人深嘗法味，有的人則因為還不相應，所以無動於衷。為什麼有的人學佛可以觸類旁通，一聽就懂，有的人苦下工夫，卻一無所得？因為每個人都有不同的因緣福德和智慧資糧，不僅是這輩子的，還有宿世的，這就是熏習佛法的深淺不同，所以大家各有所相應的法門。眾生能淨信甚深法門，能為諸佛所護持，這是多麼大的福德！

以菩薩來說，因為所具的智慧，能夠與如來的大覺相契，也就能夠獲得諸佛所護持。所以說，深信般若法門，必須戒慧具足、久集善根、諸佛攝持，然後再進一步入三相並寂。

4.三相並寂

何以故？是諸眾生無復我相、人相、眾生相、壽者相。無法相，亦無非法相。何以故？是諸眾生若心取相，則為著我、人、眾生、壽者。若取法相，即著我、人、眾生、壽者。何以故？若取非法相，即著我、人、眾生、壽者。是故不應取法，不應取非法。以是義故，如來常說：『汝等比丘，知我說法，如筏喻者，法尚應捨，何況非法。』」

明心菩提的「眾生久行乃信」部分，為何必須戒慧具足、久集善根、諸佛攝持，並且達到我相、法相、非法相的三相並寂？經文透過問答的方式來讓人理解，「何以故」即是佛陀回答的部分。

「何以故」是「為什麼這麼說」，因為是諸眾生無復我相、人相、眾生相、壽

圖二十一：三相並寂

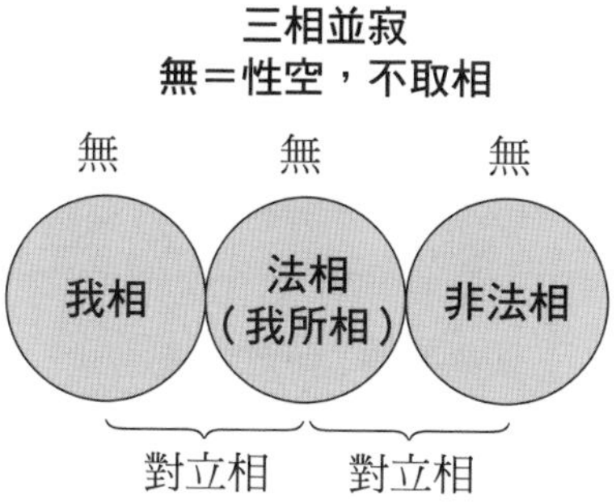

者相。四相以「我相」為首，「我相」是「我能」，相對於「我所」，「法相」是「我所」，相對於「無法相」，「我相」和「法相」是相對的二邊。「無法相，亦無非法相」，「法相」與「非法相」也是相對的二邊。這裡都用「無」，就是不落二邊的意思。為什麼這麼說？因為眾生若心取相，就是著我、人、眾生、壽者相。取法相，是著了我、人、眾生、壽者相，如果還取了非法相，也一樣是執著，所以用「無」去破除取著，我們都很習慣於執著或取相。

我們看一切都是在相上取著，透過般若經典的緣起性空，可讓我們離相不執著。這裡先說「無」，然後再說「取」，如果取就是著了這些相。原則上，應該是無我相、無法相，亦無非法相，「無」才是正確的（如圖二十一）。為什麼？因為它深入因緣的平等性，那是聖

圖二十二：法和非法的對立相

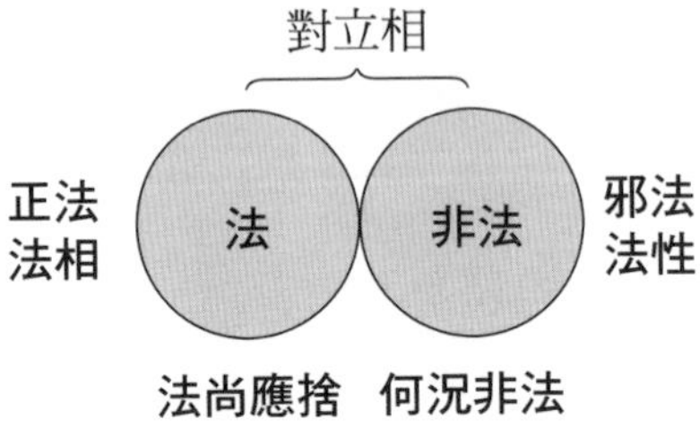

者的境界，而凡夫則著在這些現象上。

我們之所以會心取相，或取法相，或取非法相，都是著了我、人、眾生、壽者，是故不應取法，也不應取非法。即如前所說的非法、非非法，要能夠不落二邊，法與非法都不應該取。

佛陀的四眾弟子以比丘為首，所以往往提到比丘，也等於是四眾弟子。佛陀說：「你們這些比丘們，知我說法，譬如船筏，從此岸度到彼岸；法尚應捨，何況非法。」

法與非法（如圖二十二），有兩種解釋。一種是對正法的執著尚且要捨，何況對邪法的執著；另一種是法相尚且應該捨，何況是性空的因緣法，性空就是要我們捨下自性妄執。不論法與非法，都不應取，都要不落二邊才是。

「我相、法相」和「法相、非法相」是兩對的不落二邊，造成三相並寂，不要落於「我相、法相、非法相」這三相，反而應該讓這三相，都融在因緣法當中。

否定式的符號可以幫助我們放下執著，像「三相並寂」的「寂」字是否定式的符號，是寂滅的意思，表示專講因緣法，因緣是空性、平等性，才能不落二邊，平等而寂靜。否定式的符號之所以難懂，因為象徵深細的因緣法。因緣法充滿平等性，如此才有可能從不平等的相對二邊，而達於中道的平等二邊，就是諸法實相。

（三）賢聖無為同證

1. 舉如來為證

「須菩提！於意云何？如來得阿耨多羅三藐三菩提耶？如來有所說法耶？」

須菩提言：「如我解佛所說義，無有定法名阿耨多羅三藐三菩提，亦無有定法如來可說。何以故？如來所說法，皆不可取、不可說、非法、非非法。所以者何？一切賢聖皆以無為法而有差別。」

佛陀問須菩提：「如來已證得阿耨多羅三藐三菩提嗎？如來有說過什麼法嗎？」所謂「阿耨多羅三藐三菩提」即是成佛，佛陀成佛之後為眾生說法，佛陀為什麼用疑問句來問須菩提呢？因為須菩提是解空第一的弟子。何謂解空第一呢？就是最能通解佛陀所說的因緣法。因緣法不是表相的法，而是甚深空義的法。

須菩提回答：「如我解佛所說義，無有定法名阿耨多羅三藐三菩提，亦無有定法如來可說。」因緣一直在變化，所以因緣法是無有定法的。如來每一次的說法都一樣嗎？不一樣。

最近有個人聽我講課，驚喜地對我說：「師父！師父！你現在說的佛法，愈來愈清楚了。」我回答說：「不是我的說法愈來愈清楚，是你自己愈來愈明白了！」這是不是無有定法？不同的心境會聽到不同的法，所以我們常說「深者見深，淺者見淺」。剛開始聽聞佛法可能感到陌生難解，聽了幾次後，對於佛法的理解可能各有不同。因此，有的人會覺得好像每次聽法的理解，都不大一樣。為什麼？因為無有定法。

不只是每次說法的情況，不可能一模一樣，隨著我們的年齡成長，心境和身體健康變化，種種的因緣也都不同，所以是無有定法。為什麼無有定法？因為性空的緣故。所謂「阿耨多羅三藐三菩提」，不過只是假名而有，稱作唯名，它是性空的、緣起的。所有成佛者，能證得阿耨多羅三藐三菩提，也各有因緣。

因為性空的緣故，無有定法，所以說「無有定法如來可說」，為什麼這麼說？因為如來所說法，皆不可取、不可說，非法、非非法。為什麼不可取、不可說？就因為性空的緣故，正因如此，所以非法、非非法，不落法與非法二邊。一切賢聖皆以無為法而有差別，無為法的質是無差別，量卻有所不同。比方以聲聞乘和菩薩乘的修行來說，小乘聲聞心量小，只求正覺、個人生死解脫，大乘菩薩行者則因為慈悲心和心量大，不忍心只求自我解脫，所以幫助眾生解脫，故稱為「正遍等正覺」，也就是「三藐三菩提」。

「阿耨多羅三藐三菩提」是有階段的（如圖二十三）。成佛是佛果，要先種下菩提種子，然後透過發覺悟的心，達於聖者的正覺即「三菩提」；再以正覺去正遍等更多的眾生，即「三藐三菩提」，而達於成佛的無上正遍等正覺，即「阿耨多羅三藐三菩提」，根據佛法實踐利益眾生、服務眾生到圓滿成佛。

圖二十三：阿耨多羅三藐三菩提的修行階段

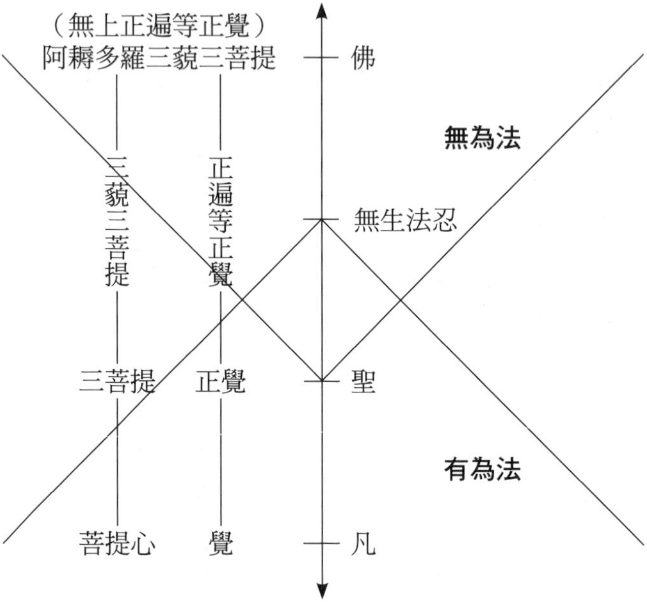

世間法因為是相對的兩邊，所以會讓我們的心高低起伏、躁動不安。中道不二是「二相並寂」的意思，「三相並寂」則是兩對的不二。「舉如來為證」之後，是「校德」。

「須菩提！於意云何？若人滿三千大千世界七寶以用布施，是人所得福德，寧為多不？」

須菩提言：「甚多，世尊！何以故？是福德即非福德性，是故如來說福德多。」

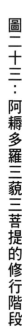

所謂「三千大千世界」，不是三千個大千世界，其實是十億個小世界，但是在經典中常表示百億。因為一千小世界等於一個中千世界，一千中千世界等於一個大千世界，所以一千乘以一千再乘以一千，三千大千世界是十億個小世界。

佛陀問須菩提說，如果一個人將滿三千大千世界的七寶來布施，他所得到的福德是不是很多？

能以如此大量的珍寶做供養，這樣的福德非常大。我們只要種下一顆種子，就能結實纍纍，所以不要小看一顆種子的力量。《阿含經》也提及，能讓五百車在樹蔭下休息的大樹，也是從一顆種子長成。多到難以計數的七寶，就像是無限量的種子，由此所得的福德就是一種果報，所以供養人的福德大到不得了。

因此，須菩提回答說：「確實是多極了，為什麼這麼說？因為所謂的福德即非福德性，所以如來說福德多。」

福德是緣起法，它是緣生出來的，是性空的。當然，自己擁有福德的時候，就會去使用福德，福德用到最後也是會緣滅。但是我們如果能在緣滅之前，趕緊用這些福德再去播種，則福德就能不斷增長。我常說一百斤的稻米，吃一斤少一斤，吃十斤少十斤，要趁還有稻米的時候，趕快再去播種，這樣就不用擔心坐吃山空。

「是福德即非福德性」是什麼意思呢？福德是性空的，是由種種因緣所成，由於福德也是無有定法的，所以要看我們如何運用這些因緣。有的人揮霍福報，有的人善用福報。如果在擁有福報的時候能珍惜使用，就可以運用得久一點，乃至再去播種，可以更持久，甚至也可以透過福德的性空打破界限，不斷地持續增長。所以佛說福德多，那種福德是不可限量的，是無有定法，因為性空本身就是無有定法。

「若復有人，於此經中受持乃至四句偈等，為他人說，其福勝彼。何以故？須菩提！一切諸佛及諸佛阿耨多羅三藐三菩提法，皆從此經出。」

這段經文是講供養的福德之大。如果有人能好好受持《金剛經》，甚至只是其中的四句偈，或是和他人分享，這樣的功德都大過以滿三千大千世界七寶所做的布施福德。

《金剛經》有兩則的四句偈很有名，一則是：「若以色見我，以音聲求我，是

圖二十四：四句偈破除相有的執著

若以色見我 ｝著於相有
以音聲求我 ｝
是人行邪道　不知性空
不得見如來　無法解脫

一切有為法　**緣起** ——→ 無常相
如夢幻泡影 ｝**性空** ——→ 不停變化
如露亦如電 ｝
應作如是觀　**唯名** ——→ 不過假名

人行邪道，不得見如來。」另一則是：「一切有為法，如夢幻泡影，如露亦如電，應作如是觀。」所謂有為法，離不開緣生、緣滅的無常法，這兩個偈子，都在幫助我們打破對於相有的執著（如圖二十四）。

如果無法受持整部《金剛經》，即使只是用四句偈來為他人來解說，讓人體會甚深的法義，所獲得的福德，都將勝過前面布施七寶的福德。

七寶是金、銀、瑠璃、玻璃、硨磲、赤珠、瑪瑙，一般人固然無法做到像以滿三千大千世界七寶這樣的布施，但是我們有善根因緣，可以受持、讀誦佛經，乃至可以聽經聞法，為什麼這樣的福德更勝於前者呢？因為一切諸佛的阿耨多羅三藐三菩提法，皆從般若經典傳出。

唯有般若，才能夠讓我們從凡夫轉為聖者，從超凡入聖的初地到七地的圓滿，再從八地一直到十地的圓滿，乃至成佛的關鍵就是般若。所有的成佛者，就是透過般若成就波羅蜜來圓滿佛道的。如《心經》所說：「三世諸佛，依般若波羅蜜多故，得阿耨多羅三藐三菩提。」這也正是般若經典的可貴之處，可以說般若是諸佛之母，沒有般若就沒有菩薩的六度萬行，也就無法成佛。

我們讀誦《金剛經》和為他人說四句偈，看似容易，其實並不簡單。大家能夠讀到《金剛經》，算是有相當的宿世善根因緣，才能接受乃至於理解；若能生起實信，更是不容易。以人間來說，有多少佛弟子能聽經聞法呢？通常只有少數，而能努力於聽經聞法的人更是少數，甚至聽聞到《金剛經》這樣甚深經典的人更是少數，因此我們可以說是少數中的少數再少數，所以是非常可貴的。更為可貴的是，《般若經》是諸佛之母，只有般若法才能孕育出諸佛來，所有成佛者，以及成就阿耨多羅三藐三菩提法，都是從般若性空法門經典所出生。因此，我們要好好珍惜這樣的讀經福報。

須菩提！所謂佛法者，即非佛法。」

佛法雖然可貴，切莫因此執著佛法，要進一步透過性空，破除對佛法相的執著。

在「舉如來為證」裡，佛陀問須菩提：「如來是不是得了阿耨多羅三藐三菩提？」因為佛陀擔心我們認為佛陀是因為得了阿耨多羅三藐三菩提而成佛，所以我們就去執著阿耨多羅三藐三菩提，那就錯了。況且如來有所說法嗎？性空，無有定法，不可取、不可說，非法、非非法，都是透過性空來離相，才能夠成佛說法。

佛與佛之間，也都有不同的經歷，無有定法，離一切戲論、言說，平等一味。涅槃是平等一味的，一切賢聖者以無為法而有差別，質上沒有差別，都是涅槃的本質。聲聞和菩薩都是透過性空而達於相空，相空就是涅槃，就是諸法實相，諸法實相乃諸法空相，不是空空如也之相，而是平等之相。因為平等，無有定法。但在量上是有差別的，聲聞所體會的空，如毛孔的空，而菩薩所體會的空，如虛空的空，這是量上的不同，因為修行者的心量不同，所以會有小乘、大乘的差別。

2.舉聲聞為證

接下來談「舉聲聞為證」。智慧是解脫生死輪迴的關鍵，聲聞證得無生，認為自己完成生死解脫的功課，不受後有，已解除其個人生死輪迴之苦。但是行菩薩道，不只是要有個人解脫生死的智慧，還要有慈悲心，幫助眾生解脫生死。

舉聲聞為證，等於是行解脫道，從初果、二果、三果到四果，相對菩薩道而言就是初地、三地、五地、七地的完成。聲聞因重於個人解脫，初果七來生死，二果一來生死，三果不來生死，四果不受後有。為什麼這麼快？因為量少。菩薩道行者因悲心重，想要幫助更多的眾生，所以要經歷一大阿僧祇劫。

「須菩提！於意云何？須陀洹能作是念『我得須陀洹果』不？」須菩提言：「不也，世尊！何以故？須陀洹名為入流，而無所入，不入色、聲、香、味、觸、法，是名須陀洹。」

佛陀問須菩提：「初果須陀洹聖者會不會有這樣的念頭說，我證得了初果？」

須菩提回答：「不會的，須陀洹被稱為入流，實際上是無所入，要能不入一切境界相，方能稱為須陀洹。」

聲聞乘者，有須陀洹、斯陀含、阿那含、阿羅漢，就是初果、二果、三果、四果。須陀洹為初果，也就是入流，入了聖者之流。我們本來是凡夫，如果能夠超凡入聖，解決個人生死問題，稱為入流。但因為性空，名為入流，而實無所入；正因為實無所入，所以不會執著於色、聲、香、味、觸、法的相，是名為「須陀洹」。

「須菩提！於意云何？斯陀含能作是念『我得斯陀含果』不？」

須菩提言：「不也，世尊！何以故？斯陀含名一往來，而實無往來，是名斯陀含。」

佛陀接著問：「二果斯陀含聖者會不會有這樣的念頭說，我證得了二果？」證二果的聖者，不會說自己證了二果，一旦說了，就表示沒有證得，為什麼？因為證果都是言語道斷的事，不能透過言說的。

因此須菩提給予否定：「二果斯陀含僅剩一往來生死，名為一往來，而實無往來，是名為斯陀含。」為什麼？就因為性空，一切都實無有法故。

「須菩提！於意云何？阿那含能作是念『我得阿那含果』不？」

須菩提言：「不也，世尊！何以故？阿那含名為不來，而實無不來，是故名阿那含。」

佛陀繼續問：「三果阿那含聖者會不會有這樣的念頭說，我證得了三果？」須菩提仍然否定此說：「三果阿那含雖然名為不來，而實無不來。」初果無所入、二果實無往來、三果實無不來、四果實無有法名阿羅漢，皆因為性空。性空否定因緣的實有性，雖名為不來，而實無不來，只不過名為「阿那含」。

舉聲聞為證部分，指出初果、二果、三果、四果，在現象上有名相可言，而實無所入，實無往來，實無不來，這些都在講性空，實無有法。

「須菩提！於意云何？阿羅漢能作是念『我得阿羅漢道』不？」

須菩提言：「不也，世尊！何以故？實無有法名阿羅漢。世尊！若阿羅漢作是念『我得阿羅漢道』，即為著我、人、眾生、壽者。

關於聲聞證果部分，佛陀最後問：「阿羅漢是否會有自己已得阿羅漢道的想法？」須菩提回答：「不會，沒有實有的法稱為阿羅漢，如果阿羅漢有這樣的想法，就是執著了我、人、眾生、壽者這四相。」

阿羅漢完全不著相，才能達於四果；初果都不著相，更何況是四果呢！

世尊！佛說我得無諍三昧人中最為第一，是第一離欲阿羅漢。我不作是念『我是離欲阿羅漢』。

須菩提接著對佛陀說：「您曾經說我是無諍三昧，是弟子們中的第一離欲阿羅漢，我既然已是離欲阿羅漢，當然不會有自己是離欲阿羅漢的想法，如果還有這樣的想法，表示還有執著，還沒有離欲。」「無諍三昧」是指完全不用語言文字與人諍辯，也就是言語道斷的聖者，並且經常處在繫心一境的正定中，即是「四果阿羅漢」。四果阿羅漢也稱「第一離欲阿羅漢」，離欲阿羅漢不會有自我與世間的執著。因為一旦有這樣的念頭，就表示心中還執著世間的種種。

世尊！我若作是念『我得阿羅漢道』，世尊則不說須菩提是樂阿蘭那行者。以須菩提實無所行，而名須菩提是樂阿蘭那行。」

須菩提對世尊說：「我如果有這樣的念頭，說我是得阿羅漢道，世尊就不會說須菩提是樂阿蘭那行者。」樂阿蘭那行者是離欲、離群索居，經常處於無諍三昧，通達法法無自性，了知一切相。但是相依相緣的假名而來，故無所著。就因為須菩提實無所行，所以說是第一離欲阿羅漢。

3.舉菩薩為證

舉菩薩為證部分，有「正說」與「校德」。

「正說」裡，有得無生忍、嚴淨佛土、成法性身，所以舉菩薩為例，就是依此而行，透過菩薩的成就才能成佛。明心菩提已經達到無生法忍，能嚴淨佛土而分證佛陀盡虛空界的清淨法身。

所謂「校德」，就是比較德行。德行是看不見的，需要透過譬喻來幫助了解。比如布施的功德，布施是播種，所得的福德果報非常大，如果能夠受持或讀誦《金剛經》，甚至透過四句偈等為他人說，所得福德勝過布施恆河沙七寶的功德，由此強調受持般若經典的可貴。

(1)得無生忍

佛告須菩提：「於意云何？如來昔在然燈佛所，於法有所得不？」

「不也，世尊！如來在然燈佛所，於法實無所得。」

本段的如來，是指佛陀修菩薩道時的往昔生。佛陀問須菩提：「你覺得如何？如來過去曾經在燃燈佛處蒙佛授記，是不是得到了某某珍貴的大法呢？」

須菩提回答，如來在燃燈佛處，仍然是無法可得。雖然蒙佛授記，卻實無所得。即使有接受燃燈佛授記的現象，但因為性空，一切法實無有法，所以說於法實無所得。於法實無所得才可貴。因為一旦執著相，就會受到相的束縛，不得自在，乃至生死輪迴不已，這便是我們凡夫執取的生命現象。

佛陀在行菩薩道的過程中，修到無生法忍，而蒙佛授記，但是授記的法是實無所得，是無有定法的，因為每一位蒙佛授記的菩薩，都是處於種種不同的因緣和合而成，第七識的雜染已經完全轉染成淨，故即將脫離父母生身的束縛。

佛陀過去世行菩薩道滿二大阿僧祇劫的時候，是一位雪山童子，在雪山修行完成後，為報答師恩，下山入城，恰逢燃燈佛將來此說法。他想：佛是一切智者，難逢難遇！為了不錯失供養佛的機會，希能買得五朵金色蓮花行最上供養。當時唯有一位賣花女手持七朵金色蓮花，要求雪山童子買花後，必須五百世娶她為妻。雪山童子為了供養燃燈佛而答應了。一般凡夫站在自己的立場，盤算個人利益，就會心生猶豫，打退堂鼓。雪山童子因為達於完全無我，不假思索、不計代價來供佛，因為他覺得供養佛陀是最重要的事，無論對方開什麼條件都願意接受。

雪山童子看到燃燈佛，威儀庠序，動靜安和，生起歡喜虔敬之心。在燃燈佛入城的必經道路上，有一處泥濘水窪，童子為了不忍尊貴的佛足被髒汙，立刻跪伏在地，散開自己的頭髮，掩蓋汙泥，讓佛足踏過。燃燈佛見狀，知道童子已經得無生法忍，於是為他授記：「你未來世中當得作佛，名釋迦牟尼。」

凡夫修行第一大阿僧祇劫滿，超凡入聖，自證諸法實相，到第二大阿僧祇劫滿，得無生法忍時，必然蒙佛授記。為什麼呢？因為菩薩第七識俱生我執的雜染，已經轉染成淨，這是行不退；已經先成就信不退、超凡入聖的位不退，達至無生法忍而行不退，所以自然有佛來為菩薩授記。不退即不退轉，有高度上的差別。

(2)嚴淨佛土

「須菩提！於意云何？菩薩莊嚴佛土不？」

「不也，世尊！何以故？莊嚴佛土者，即非莊嚴，是名莊嚴。」

「是故須菩提，諸菩薩摩訶薩應如是生清淨心，不應住色生心，不應住聲、香、味、觸、法生心，應無所住而生其心。」

佛陀再次問須菩提：「聽到這裡，有沒有什麼意見？菩薩莊嚴佛土否？」所謂「嚴土熟生」是菩薩出離「畢竟空」，菩薩不會沉浸於明心菩提的畢竟空，而進入「出到菩提」後，又是一大阿僧祇劫的嚴土熟生。菩薩就是不忍眾生苦，不忍聖教衰而發菩提心，希望不斷地為佛教而莊嚴佛土，為眾生而成熟眾生，直到圓滿而成佛。但是這種莊嚴佛土的現象離不了緣起，並且是性空的，所以即非莊嚴，只不過名為莊嚴而已。

達於明心菩提後，自然會生起清淨心，因為第七識已經轉染成淨，自然會不住色生心，也不住聲、香、味、觸、法生心，而是應無所住而生其心，沒有任何一絲的執著。般若行者，努力於善因緣的耕耘，而不在果報上的追求，所以「莊嚴佛土者，即非莊嚴，是名莊嚴」，並且「應無所住而生其心」，成法性身。

(3)成法性身

「須菩提！譬如有人，身如須彌山王，於意云何？是身為大不？」

須菩提言：「甚大，世尊！何以故？佛說非身，是名大身。」

佛陀問須菩提：「如果有一個人的身體持續不斷地擴大，大到像須彌山王一般，你覺得怎樣呢？他的身體是不是非常大？」菩薩道是從聖賢菩薩分證佛陀的清淨法身，一直不斷地擴大、再擴大，直到盡虛空、遍法界的清淨圓滿而成佛。這種法身的擴大，是透過色身的修行，開展到法身的成就。所以必須從修人天福報做起，並學習聲聞道解脫生死、超越世間的智慧，乃至菩薩道悲智雙運，世出世入而無礙，直到圓滿成佛，這都是人身超凡入聖後，即分證佛陀清淨法身的長大。

須菩提回答：「這確實是非常地廣大，為什麼這麼說？因為色身、法身都是性空；能打破界限，才能夠長大成為大身，而名為大身。」大身是法性身的成就，會不停地成長到盡虛空界。

須菩提因為深見法性空慧，所以他前面回答如來在燃燈佛處，實無所得。如果有實法可傳，便是落於魔道。因此，於法實無所得，和性空的因緣法才能夠相應。這是第一個部分的「無生法忍」。

第二個部分是「嚴淨佛土」，得無生法忍的菩薩志業，就是莊嚴佛土，成就眾生，「莊嚴佛土者，即非莊嚴，是名莊嚴」，才能夠成就佛陀的法性身。

第三個部分「成法性身」，盡虛空界的法性身，是佛身的長大，「佛說非身，是名大身」。這裡的非身，是因為身是性空的，是透過因緣而成就的，只不過名為大身。

在正說之後，就是校德。

「須菩提！如恆河中所有沙數，如是沙等恆河，於意云何？是諸恆河沙寧為多不？」

須菩提言：「甚多，世尊！但諸恆河尚多無數，何況其沙。」

「恆河中所有沙數」，沙數是無限無量多，每一粒沙都成為一條恆河，稱為「沙等恆河」。當沙子以無數倍乘以無數倍，如是沙等恆河的沙自是更多。一條恆河中的所有沙數都無法算計，更何況沙等恆河的沙數，更是多到無法算計。

因此，當佛陀詢問須菩提這樣的沙子多不多時，他自然回答：「非常多啊！一條恆河的沙數已經無數，更何況是沙等恆河的沙。」

印度人的數學非常厲害，據說阿拉伯數字是印度人發明的，不是阿拉伯人發明的。尤其數字中的零，多一個零就多十倍。聽說全球的數位軟體設計，能力最強的也是印度人。印度人思辨的能力很強，可以思辨到非常細密精準，所以印度的哲學、宗教發展興盛。

中國人的歸納法比較強，印度人則是分析法比較強，所以思辨能力非常強。我們從凡夫的「生得智」到超凡入聖，是從「粗分別」到「細分別」，再到「根本無分別智」；進入諸法實相後，是根本無分別智，出了根本無分別智，才是「後得智」，直至成佛的「一切智智」。粗分別呈現在法相，細分別則要深入因緣法的法性，最後放下凡夫對因緣不變性、獨存性、實有主宰性的俱生自性妄執，唯有放下自性妄執，才能進入根本無分別智（如圖二十五）。由此可知，分別和思辨的能力要很強，才可能向上提昇，在果位上持續進展。

「須菩提！我今實言告汝，若有善男子、善女人，以七寶滿爾所恒河沙數三千大千世界以用布施，得福多不？」

圖二十五：根本無分別智、後得智、一切智智

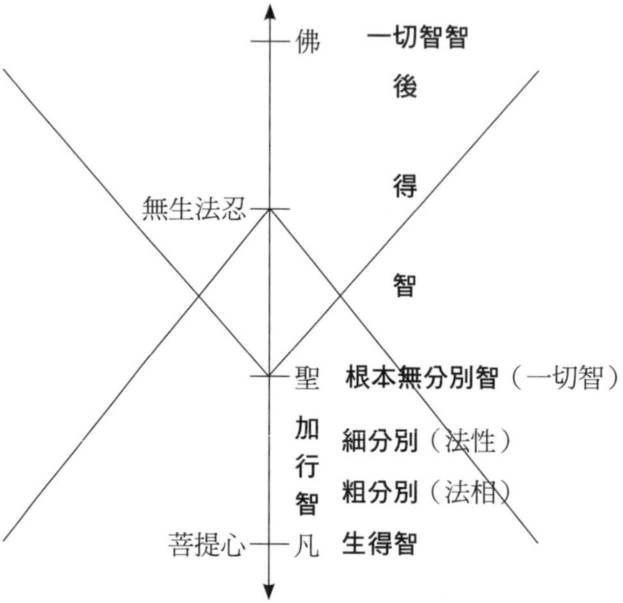

須菩提言：「甚多，世尊！」

佛陀又問須菩提：「我現在實在地告訴你，如果有善男子、善女人，用遍滿如上述恆河沙數的三千大千世界七寶做布施，這樣的功德多不多？」須菩提答道：「非常非常多啊！」

前面的恆河沙數只是一個三千大千世界，現在是多如恆河沙數的三千大千世界，那是無數倍的數量，可以說是將七寶當作種子，種下種子所得的福報，將是無限無量。經中以此譬喻布施，所得的福德非常之多。

佛告須菩提：「若善男子、善女人於此經中，乃至受持四句偈等，為他人說，而此福德勝前福德。」

佛陀告訴須菩提：「如果善男子、善女人能信奉此經，甚至只是受持其中的四句偈等，並為他人解說，他所得到的福德，將更勝於前面用滿恆河沙數的三千大千世界七寶的布施福德。」像前面所說的布施，我們實在做不到，但是受持經典和為他人解說四句偈，只要我們有善根因緣，則是可以做到的。

「復次，須菩提！隨說是經，乃至四句偈等，當知此處，一切世間天、人、阿修羅皆應供養，如佛塔廟，何況有人盡能受持讀誦。須菩提！當知是人成就最上第一希有之法，若是經典所在之處，則為有佛，若尊重弟子。」

佛陀又說：「如能解說本經，甚至只是四句偈等，講經處便會為一切世間的天、人、阿修羅等所護持，如同供養佛塔廟一樣，更何況是有人能完全地信受奉行和讀誦本經。當知此人已成就無上的第一稀有佛法！經典所在之處，等同有法，也等同有佛，也等同有尊重佛的弟子們存在一般，如此，即等同三寶具足！」

以佛世來說，三寶以佛陀為主，因為佛為法本，法由佛出，但是來到佛滅後的聲聞時代，三寶則以僧伽為中心，有僧寶就有法寶及塔廟，塔廟等於是佛寶，到了大乘佛教的時代，三寶則以正法為中心。這部經典是法寶，法寶是由佛陀來宣說的，由佛弟子僧寶來住持正法，所以這部經所在之處，等於是有佛寶、法寶、僧寶，三寶具足。般若經典能夠讓我們從四加行的煖、頂、忍、世第一，超越了世間法而有世出的智慧，甚至行菩薩道，還要悲智雙運，世出世入而無礙，這是成就世間第一稀有之法，即是超越世間的般若智慧。

「須菩提！如恆河中所有沙數，……則為有佛，若尊重弟子。」這幾段文字屬於校德，強調受持讀誦本經乃至四句偈等，甚至能為他人解說，這種福德有多麼可貴，等於是三寶具足。

只要有法寶存在的地方，就等於過去有佛、有僧，也都是三寶具足。我們常說佛陀在世宣說佛法，正法能夠延續一千年，之後像法一千年，然後進入末法一萬年。說實在的，這些數字都是無有定法，如果眾生認為三寶應該長存世間，大家都願意共同發心護持，正法是不是得以延續？縱然是在末法，一樣可以聽聞到正法，而且正法、像法、末法，也不是用現象來區分，因為因緣是互通的，我們現在是佛陀入滅後的二千五百年，有人說已經進入了末法時期，但是我們還是有機會聽聞到正法，所以我們更要知道正法的可貴。

從般若道次第的發心菩提、伏心菩提，乃至到明心菩提，這是佛陀的開示次第。然後，便進入勸發奉持。勸發奉持，有教導奉持的行相和讚歎奉持的功德，再透過問答進入正說：化法離言、化處非實、化主無相。為什麼要離言、非實、無相？因為性空的關係，雖然法、處、主好像是有相的，但是也要從相有而進入性空，這是奉持的行相，透過問答來闡述。

（四）勸發奉持

1. 奉持般若法門的方法

爾時，須菩提白佛言：「世尊！當何名此經？我等云何奉持？」

佛陀透過須菩提請法的法會因緣，談至此處時，須菩提為什麼要請問佛陀經名和奉持的方法？其實，此時正是畫龍點睛的時刻。經題代表整部經的核心精神，透過經題可知道如何奉持經典。佛陀回答的正說，包括：化法離言、化處非實、化主無相，再透過校德的方式，表達性空的可貴，也透過性空化解對一切相的執著。

「化法離言」是轉化語言文字的佛法，成為言語道斷的諸法實相；「化處非實」是轉化有形有量的處所，成為無形無量的空間；「化主無相」是轉化有形有相的說法主，成為無形無相的真理現象。

⑴ 化法離言

佛告須菩提：「是經名為『金剛般若波羅蜜』。以是名字，汝當奉持。所以者何？須菩提！佛說般若波羅蜜，即非般若波羅蜜。須菩提！於意云何？如來有所說法不？」

須菩提白佛言：「世尊！如來無所說。」

佛陀告訴須菩提：「這部經就名為『金剛般若波羅蜜』，應當以此名稱來受持奉行。為什麼這麼說？因為佛說般若波羅蜜，即非般若波羅蜜。」

般若，如同金剛鑽一般的堅固、光明、銳利，最核心的就是「金剛」，它是非常珍貴的。金剛形容的是般若，透過般若，能夠調伏煩惱，成就波羅蜜，乃至斬斷我們的煩惱。

佛陀為什麼要特別強調「佛說般若波羅蜜，即非般若波羅蜜」？因為一旦講到金剛般若波羅蜜，我們很容易又執著了這個名相，我們的習慣性馬上攀著、取著，佛陀為了破除我們取著相的心，所以如此說。般若波羅蜜是性空的，卻不是對所有人都有效的，必須相應才有效，而且要正確地理解後，放下自性妄執才有效，所以需要諸多種種因緣條件具備才行。因此，般若波羅蜜不一定力同金剛，要看佛弟子的根機與智慧，還是依自身的因緣條件而定。

佛陀又問須菩提有沒有什麼意見：「如來是不是有所說法？」須菩提回答：「如來無所說。」須菩提這樣答，不是否定佛陀說法的現象，而是講佛陀的說法無有定法。

否定式的符號是深觀因緣，不是談表相，稱為「化法離言」。化法離言是指重點不在言語本身，而在甚深的法義，因為要透過文字般若，讓我們起觀照般若，才能達於實相般若，但是達於實相般若的時候，還是要學習放下。修行般若的過程是透過不斷地放下來實踐，比如我們透過文字語言學習般若，千萬不要緊抓著文字不放，語言文字乃至圖像，只是一種工具，要善用工具，不要被工具束縛了。

如來無所說，是因為化法離言，透過性空而化法離言。雖然佛陀弘化佛法，是透過語言文字，但是更可貴的，是讓我們達於諸法實相、絕諸戲論的境界，乃至於化處非實。

(2) 化處非實

「須菩提！於意云何？三千大千世界所有微塵是為多不？」

須菩提言：「甚多，世尊！」

佛陀又問須菩提，三千大千世界裡的所有微塵算不算多？須菩提認為非常多。三千大千世界是很大的範圍，而微塵雖然微小，數量卻是非常非常眾多。

「須菩提！諸微塵，如來說非微塵，是名微塵。如來說世界，非世界，是名世界。」

佛陀對須菩提說：「所有的微塵，如來說它不是微塵，只是假名為微塵。如來說世界不是實有不變的世界，是假名為世界。」這段說法即是化處非實。我們以為微塵是實有的，是一顆、一顆的，其實微塵也無有定法，碎為微塵，數量雖然很多，但是每個微塵都不一樣。不只小的物質如此，大的世界也是。

我記得三十多年前，在臺中自然科學博館看到放大到幾萬倍的電子顯微鏡，鏡中所看到的真的是不一樣的世界，讓我從中體會到《金剛經》所說：「如來說世界，非世界，是名世界。」因為修行造成生命的高度不同，看到的世界也就不一樣。凡夫看到的世界和佛陀看到的世界是不同的，佛眼不需要透過儀器就可以看到非常微細和非常廣大的世界景象。

透過電子顯微鏡的放大，我看到一粒砂糖放大後，就像堅硬的大岩石一樣。但是將砂糖打碎後，再看裡面的結構，竟然看到物質體裡的電子、原子、分子的連接鍵動來動去，外表原來看似靜止不動的砂糖，其實放大後呈現的是一個動態的世界，是由眾多的電子、原子、分子所構成。

另以桌子為例，「佛說桌子，即非桌子，是名桌子。」我們以為桌子是靜態的，其實桌子是動態的，它是緣生出來的，一直在緣滅中，只是我們肉眼看不見。我們可以看到一張已經使用幾十年的桌子壞了、不堪用了，它不是突然間解體損壞的，而是從開始使用時，因緣就一直在緣滅中離散。這樣的緣起是透過第六識來想像和理解，肉眼看不見。所以不是用肉眼打造慧眼，必須重新打造第六識，透過第六識的理解，桌子本身不是實有不變的，它也是個動態的世界，並非實有不變的世界，這便是「化處非實」。

(3)化主無相

「須菩提！於意云何？可以三十二相見如來不？」

「不也，世尊！不可以三十二相得見如來。何以故？如來說三十二相，即是非相，是名三十二相。」

佛陀又問須菩提：「可以三十二相見到如來嗎？」須菩提回說：「不可以三十二相見到如來，為什麼這麼說？因為如來所說的三十二相，並非是真實不變的形相，而是因緣和合而成的假名三十二相。」

佛陀之所以能夠獲得三十二相，那是福報所成，轉輪聖王也是福報所成，也具有三十二相，所以不能用三十二相來判斷是佛陀，還是轉輪聖王。如果用現象來判斷，其實沒有太大的差別，因為那是福報圓滿的相。但是佛陀與轉輪聖王之間的差距甚大，相差在哪裡呢？主要是智慧，轉輪聖王沒有佛陀那麼高超的智慧。

不能用三十二相來判斷，因為三十二相是緣起的、是性空的，它不過就是名稱如此。

「須菩提！若有善男子、善女人，以恆河沙等身命布施；若復有人，於此經中，乃至受持四句偈等，為他人說，其福甚多。」

在正說之後，本段便是校德。佛陀對須菩提說：「如果有善男子、善女人，以像恆河沙數那樣多的身體和生命來布施，如果有人能信受奉行此經，甚至只是經中的四句偈，並為他人解說，他所得到的福德就更多了。」

這段所說的身命布施，比前面所說的恆河沙等七寶布施，更加珍貴。用恆河沙等身命來布施，不是只有一次，也不是只有一輩子而已，而是累劫宿世，像恆河沙數那麼多，無限、無量輩子，每一輩子都願意如此地將生命布施給眾生，這樣的福德極大。

所謂「救人一命，勝造七報浮屠」，能夠救人命已經很難，能布施人命更難，因為布施外財容易，布施內財難。當我們的色身遇到危險時，只要救得了自己的生命，都很願意棄捨外財。但是要布施內財則更難，捐血還可以，若是捐骨髓就會猶豫：「捐了以後，我的身體會不會變差？」乃至捐器官、捐大體，這些都是很不容易的。

如果有人能信受奉行此經，甚至是四句偈，並為他人解說，他的福德可以超過以恆河沙數身命來布施，由此可知福德之大。因此，我們讀誦《金剛經》，要能掌握全經的心要，才能明白真正的智慧和圓滿的福德。

2. 奉持的功德

無論相貌如何，我們都可以透過佛法來莊嚴自己，內心如果是個莊嚴世界，長相也會愈來愈莊嚴。須菩提不斷讚歎佛法的可貴，而稱歎奉持的功德，內容可分為深法難遇歎及信者難能歎。

(1) 深法難遇歎

爾時，須菩提聞說是經，深解義趣，涕淚悲泣，而白佛言：「希有世尊！佛說如是甚深經典，我從昔來所得慧眼，未曾得聞如是之經。

須菩提聽聞佛陀所說《金剛經》後，深解義趣，而感激涕零。什麼是「深解義趣」？因緣法是比較深層的佛法，現象是比較表淺的法，因為現象為肉眼所見，只有慧眼可以深觀因緣。第六識可以打造慧眼，雖然肉眼只見虛妄無常的表相，但是明白了因緣，便能相信和想像因緣法。般若經典即是在談法性空慧，介紹甚深的因緣法，所以說深解義趣。

能夠深入甚深的法義，是讓人非常感動的事，也是難得可貴的事，所以有人聽聞《金剛經》會感動到淚流滿面，須菩提也是如此，他是深入甚深的法義，所以感動到涕淚悲泣。須菩提對佛陀說：「世尊是這麼難得可貴，要值遇佛陀在世真的不容易。而佛所說的如是甚深經典，我從得到慧眼以來，未曾聽聞過像這樣稀有珍貴的經典。」

其實，須菩提不是為自己心生感歎，而是為眾生感歎。解空第一的他，自然能相應於般若經典，他的這種感歎是替我們凡夫眾生發出深法難遇之歎，以及信者難能之歎。

(2)信者難能歎

世尊！若復有人得聞是經，信心清淨，則生實相，當知是人，成就第一希有功德。世尊！是實相者，則是非相，是故如來說名實相。

因此，須菩提接著說：「如果有人聽聞這部經典後，能生起清淨的信心，證悟諸法實相，可以知道此人能成就第一稀有功德。諸法實相，即是聖者驗證到的真理現象，無法言說的實相。」

「信心清淨，則生實相」，如何讓心清淨呢？只有無所求的心才會清淨。凡夫的雜染來自心有所求，由於我們生來就雜染，難免都是有所求的心，若想進一步提昇，放下自性妄執。如果不願放下自性妄執，就像背著一個個包袱向上攀爬，沉重的包袱會讓人往下掉，必須要放下，才能向上。

我們在凡夫地上修智慧，是在加行位修智慧，也就是煖、頂、忍、世第一。修智慧本身是要加行的，所謂的加行，就是要能夠親力親為，自己去用功。我們必須成就世間第一稀有功德，才能從凡夫的世間法，超越、出離世間法。世第一等於是在世間法的最上層，即將要出離世間，稱為成就第一稀有的功德。

為什麼須菩提長者說「是實相者，則是非相，是故如來說名實相」？因為實相也是緣起法，經歷一大阿僧祇劫的修行，乃至在慧學上的用功，放下自性妄執，不斷地向上提昇，才能達於實相。但是達於實相，並不是從此如如不動。實相是平等之相的現前，還是性空的，所有一切法沒有不是性空的，所以說性空通徹一切。縱然是實相，還是性空，所以是非相。這就像我們講的「佛說實相，則非實相，是名實相」，因為還是緣起、性空、唯名的標準順列句型。

世尊！我今得聞如是經典，信解、受持不足為難，若當來世後五百歲，其有眾生得聞是經，信解、受持，是人則為第一希有。

由於須菩提已經是四果聖者，所以理解和信受般若經典並不困難，但是對我們來說，因為修行的程度低，學習般若經典是相當吃力的，需要熏習再熏習。每個人都可以學習般若經典，但看有沒有意願。須菩提解空第一，最為擅長觀空，所以學習般若經典並不困難，但是他想到，在佛入滅五百年後，如果還有眾生能夠聽聞這部經典而信解受持，這樣的人是第一稀有，最為可貴。因為生在佛世的佛弟子，本身已有宿世的善根因緣，所以學法不難，而且不懂處還可以請佛釋疑。後世，包括我們這個時代的人，雖然沒有直接向佛請法的福報，幸好還能生在有佛法的時代，而且還能聽聞正法，這也是稀有。想想看，我們距離佛世不只五百年，而是多達二千五百年，尚且能夠聽聞正法，所以我們都稱得上是非常難得稀有的。

人道屬於善道，但是人道也有程度高低的不同。同樣是人，有的人終日吃不飽，這樣的人往往是從餓鬼道回到人道；從三惡道回來的人，通常是從賤民起步。所以我們算是很有福報的人，不僅得有人身的福報，還具有善根，能聽聞佛法，這是非常難得可貴的，應當好好珍惜。

何以故？此人無我相、人相、眾生相、壽者相。所以者何？我相即是非相，人相、眾生相、壽者相即是非相。何以故？離一切諸相，則名諸佛。」

須菩提繼續說：「為什麼這麼說呢？這樣的人能夠聽聞到這部經典而信解受持，是因為他能夠無我相、無人相、無眾生相、無壽者相。為什麼呢？因為所謂的我相即是非相，人相、眾生相、壽者相即是非相。因為不管是哪種相都是性空的，故稱離相，脫離對一切諸相的執著，則名諸佛。」能夠無我相、無人相、無眾生相、無壽者相，也就是能夠脫離四相的執著。

「無」字是離執著的意思，我們要懂得離相上的執著。如果我們不離執著的話，怎麼看都是不平等的相、差別相，離了執著，才有機會從不平等相、差別相，慢慢地變得平等。

前面曾說「若見諸相非相，則見如來」，諸相，不只是我相，還包括人相、眾生相、壽者相，能夠接受諸相非相，是因為我們知道這些相都是性空的，是因緣所成，隨因緣離散而變化、消失。

透過性空、透過非相，才能夠脫離一切對諸相的執著。人人是不是都可以成佛呢？是，但是想要成佛，一定要接受佛陀的教導，踏上成佛的道路，依循著佛陀成佛的道路前行。成佛之道要走得正確，就要懂得放下，因為放下，才能夠離一切諸相。如果我們一直著相，菩薩的修行階梯不僅上不去，甚至還會往下掉，那就可惜了。好不容易生而為人，又能夠聽經聞法，如果路走對了，有機會離一切諸相，則名諸佛，人人都可以成佛。所以佛教最可貴之處，教主不是唯一主宰的教主，反而我們的教主揭示，佛陀不是唯一的佛，十方世界有無量無數的佛，而我們每一個人未來也都將成佛。

只要依循著佛陀教導的真理法則，去驗證真理現象的現前，菩薩行願盡虛空界而圓滿成佛，這是成佛必行的道路。只因大家因緣不同，所以各有所成，而有不同的路程。成佛之道就像求學一樣，小學、中學、大學、碩士、博士，都有一定的學程，但在學習的過程，大家各有不同的過程，有的人很順利，有的人很坎坷……，就因為人各有不同的因緣，所以有不同的過程，但是會有必定的學程。學佛也是如此，佛陀已指引我們清楚的學程，我們要做的就是依序來完成。

受持經典的功德，包括了讀誦、書寫、思惟乃至實行。我們學佛是就希望能夠悟佛所悟，行佛所行，經由聞、思、修而讀誦、理解，並付諸實踐，乃至證入法性。聽聞、讀誦是行證的根本，能夠受持經典，乃至四句偈等，為他人解說，都是透過讀誦、書寫、思惟，而去實行。

須菩提聽聞《金剛經》之所以深受感動，主要是從大悲為本，他想的不是自己，而是為未來世的眾生來請法。他是大悲為本、無所得為方便。像這樣的菩提心行，從離相徹悟的實相來說，其實早已經證悟了，而且還能夠請法、與佛共論，哪裡還需這般感歎、驚奇呢？因為須菩提是聲聞的代表，而佛陀時代是以聲聞為本的解脫同歸，屬於菩薩行的佛弟子是少數，需經過五百年，大乘佛教興起後，菩薩道才逐漸成為主流。行菩薩道也要放下自性妄執，尤其是俱生我執，因為我們常常被俱生我執障礙，而很難發心。所以在大乘法，佛陀一直說要發菩提心，也就是上求佛道、下化眾生的心。

須菩提聽聞深妙法門，離一切妄相，生起清淨的信心，這是一種實相般若。實相是離一切名言測度的畢竟空寂，能達於此，才算是第一稀有之法，而且要在佛陀時代後的五百年，才能成為主流。我們一直都是有相的差別，離一切相的執著，才見我相即是非相，人相、眾生相、壽者相也都是非相。佛陀之所以成佛，完全沒有任何一絲的雜染，要透過非相來離相，所以說「若見諸相非相，則見如來」，才能達於成佛的境界。深觀因緣平等法的重要性，由此可見一斑。

佛告須菩提：「如是，如是！若復有人得聞是經，不驚、不怖、不畏，當知是人甚為希有。」

佛陀告訴須菩提：「確實如此，如果有人聽聞這部經典，能夠不驚、不怖、不畏，這樣的人是非常少見的。」為什麼佛陀會如此說呢？般若經典一直在談空，有一些人因為誤解了空，所以會感到害怕，認為明明「有我」，為什麼講「無我」？如果無我，那「我」跑到哪裡去了？「我」屬於「法相」還是「法性」？屬於法相，因為只有從現象面，才能看得見我們。

有位居士因為母親剛往生，為此難過不已。所幸他已經學佛，能用因緣法，幫助自己面對生死的無奈。唯有以佛法來理解因緣法，才能夠接受父母和我們也是因緣法，能夠結為父母、兄弟、姊妹，都是甚深的因緣結合，但是這些緣有深有淺。緣淺則相處時間短；緣深則相處時間長。我們因為緣生而結合，因為緣滅而離散，所以有生有滅是從「相有」來看。為什麼《心經》講不生不滅？這是從因緣「性空」來看，不生不滅，講的是生與滅是平等的因緣法，所以緣生的時候不用高興，緣滅的時候也不要難過。當然，這要有相當高的智慧。反之，如果誤解了空，就容易驚怖害怕。

二十多年前，曾經有人因為讀了般若經典，急急忙忙跑來跟我說：「師父！為什麼般若經典一直說空，一直說無，這些否定式的符號讓我感到好害怕！我的人生到頭來，難道只是一場空嗎？」凡夫心很粗糙，往往要等到果報現前，才會發現自己做了些什麼。所謂「菩薩畏因，眾生畏果」，菩薩知道「種如是因，得如是果」，所以是從「因」去下手。我們如果理解了因緣法，會不會對「無我」感到驚慌恐怖？不會，反而要用因緣法，才能夠擺平我們的心，因為所有的一切現象看起來都是不公平，唯有因緣最公平。

我們有時候看到某某人好像很沒有修行，就會看不順眼而起煩惱，卻很少反省自己。有的人會振振有詞地說：「如果我不去管他，不去教他，他就不會用功修行了！」我說：「拜託！先管好自己吧！各修各得，每個人自己所造的因緣業力，不是我們能夠去主宰的。」我們連自己都主宰不了，竟然還想去主宰別人。這種擔憂，往往是現象上的擔憂，如果能懂得因緣法，就會知道堅定信念更重要，才可能進而影響別人。我們僅是他人的助緣而已，沒有辦法主宰別人非要如何不可。

因緣業力是每一個人自己要去承擔的，如果累積的惡因惡緣多到足以墮入地獄道，佛陀也沒有辦法拯救。即使要祈求大願地藏王菩薩救拔，也要有善根因緣，至少要一稱「南無大願地藏王菩薩」才有解救的機會。因緣是相對應的，不是單方的，所以我們說「佛度有緣人」，要相應了才有用。我們也是因為和佛法相應了，才得到受用。

佛說法的語言文字集結，稱為「佛經」。中國也有經典，比如《詩經》、《易經》等，佛經和這些經典有什麼差別？佛經的經是契經，上契諸佛所說之理，下契眾生可度之機；契經的意思是契約，打契約是雙方的，要彼此相應契合。我們讀誦、受持佛經，也得要與佛說的法契機，才能接受。

何以故？須菩提！如來說第一波羅蜜，即非第一波羅蜜，是名第一波羅蜜。

「般若」是「第一波羅蜜」。當如來說這是第一波羅蜜，我們一看到此說，可能就會執著第一波羅蜜的現象，所以佛陀立即又說：非第一波羅蜜，是假名的第一波羅蜜，因為第一波羅蜜是性空的。

佛以一音演說法，眾生隨類各得解。比如一樣的課程，為什麼每個人所聽到的體會各有不同？因為我們每一個人的善根因緣不同，智慧資糧不同，因緣福報也不同，所以我們所理解的內容也各有不同，這些都是因為性空的緣故。

其實，性空反而提供了我們很大的空間，因為性空，所以現象會千變萬化、瞬息萬變，一切都可變可化。「如來說第一波羅蜜，即非第一波羅蜜，是名第一波羅蜜。」這是從緣起、性空到唯名，讓我們學習放下執著，重新看待世間。我們所見的只是肉眼看到的現象而已，要透過慧眼來理解它的性空。佛陀一直勸導我們要放下執著，尤其般若所指的自性妄執。

經文所說的緣起、性空、唯名，透過如來的勸行、歎勸，讓我們明白無自性只是如幻的因果，因為不斷地在緣生、緣滅，所以說宛然有而畢竟空。能夠知道宛然有而畢竟空，是因為一切現象，都是不可取、不可說、不可得，就因為性空。我們要能夠離相，放下對相上的執著；而透過不可得，我們才可能離相，這是諸法的究竟本性，也就是性空，這是萬行的宗導。

3. 佛陀的勸行

在前面一段佛陀的讚歎之後，接著是勸行，「忍辱離相勸」和「佛說無虛勸」。

⑴ 忍辱離相勸

須菩提！忍辱波羅蜜，如來說非忍辱波羅蜜。何以故？須菩提！如我昔為歌利王割截身體，我於爾時，無我相、無人相、無眾生相、無壽者相。何以故？我於往昔節節支解時，若有我相、人相、眾生相、壽者相，應生瞋恨。

菩薩道是六度萬行，但是五度如盲，般若為導。因此，佛陀對須菩提說，忍辱波羅蜜，非忍辱波羅蜜，因為忍辱波羅蜜也是緣起性空。

佛陀以自身為例，在宿世劫以前的歌利王時代，曾為忍辱仙人。當時宮女們趁著歌利王午休的時候，跑到花園裡遊玩，發現園中的忍辱仙人，便和他聊天。歌利王睡醒後找不到宮女，看到她們全都環繞在忍辱仙人身邊，氣得火冒三丈。歌利王是一位非常專制的國王，為了報復忍辱仙人，便下令割截他的身體。

佛陀在那個時候如何修忍辱呢？他進入性空的無我相。不只進入性空，還要能夠諸法實相現前，也就是無我相、無人相、無眾生相、無壽者相。聖者看待我相、人相、眾生相、壽者相，都是平等平等之相。正因為佛陀當時能夠證得諸法實相現前，所以色身被歌利王節節支解的時候，不起瞋恨心，如果著相，就會起瞋恨心。

為什麼歌利王會怒火沖天？因為他起了嫉妒心，著相才會起煩惱。照理來說，被割截身體的人應該起的煩惱更大。比如我們被別人罵一句，心裡就痛苦不堪了，更何況是遭人痛打和切割身體，如何能忍？

瞋恨心是如何產生的？必須要有對象，才能瞋恨。第七識的根本煩惱裡沒有瞋心，因為第七識的世界就是第八識，我愛是愛著第八識。第七識的宿世習性沒有瞋恨，瞋恨是從第六識的分別我執、法執來的，因為有對象。忍辱仙人之所以能夠忍辱，是因為不起心動念，一切視為平等相，乃是聖者的境界。聖者不會輕易發脾氣、起煩惱，修行愈深、愈高，驗證諸法實相的量就愈大。

須菩提！又念過去於五百世作忍辱仙人，於爾所世，無我相、無人相、無眾生相、無壽者相。是故，須菩提！菩薩應離一切相，發阿耨多羅三藐三菩提心，不應住色生心，不應住聲、香、味、觸、法生心，應生無所住心。若心有住，則為非住。是故，佛說菩薩心不應住色布施。」

佛陀回想過去有五百世做忍辱仙人，他的修行工夫就展現在身體被節節支解時，無我相、無人相、無眾生相、無壽者相，所以稱為忍辱仙人，這是很不簡單的真工夫。我們說布施、持戒、忍辱、精進、禪定，都要無所住而生其心，因為我們有所住，就難免著在相上，起煩惱。

因此，佛陀說：「菩薩應離一切相，發阿耨多羅三藐三菩提心，不應住色生

圖二十六：第六識往外，第七識往內

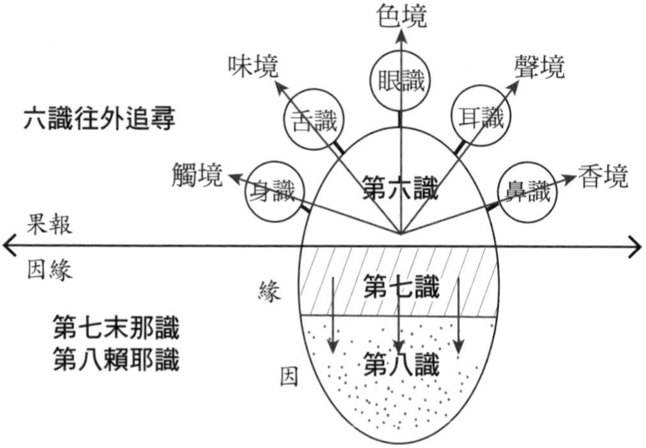

心，不應住聲、香、味、觸、法生心，應生無所住心。」不只是布施、持戒、忍辱、精進、禪定，都要無所住，也要不應住色生心，不應住聲、香、味、觸、法生心，即是應生無所住心。

我們一直都被相所縛，往外奔放，內心就會空虛，所以佛法常說要收攝內心。因為我們習慣第六識往外，第七識往內，所以容易產生拉拔的力量，一旦脫離的時候就會死亡（如圖二十六）。因此所謂的養生之道，即是養心之道，而養心就要攝心。

印順導師從年輕的時候，就經常有些小病小痛，身體底子欠佳，為什麼卻能活到一百零一歲？因為他能攝心，不被外界的名聞利養所動，能夠好好地專心著書立說，利益無數的眾生，這也是攝心。以佛法來講，心是最重要的，我們的心不要一直往外奔放。如何照顧這顆心？在唯識來講，有深淺之別，不應住色、聲、香、味、觸、法生心，這些都是法相。

我們的心，如果有所執著的時候，要立即想到：「有所執著，能不能改變？」當然可以改變，因為性空而讓一切都能夠可變可化。一邊攝心，一邊放下執著，不要往外奔放。

「若心有住，則為非住」，住，也還是性空。人有時候就是一念之差，所以透過智慧來做引導是很重要的。若心有住則為非住，有住是有執著，非住是可改變。因此，佛說菩薩心不應執著於色相而行布施，乃至不應執著色相而行忍辱，若是持戒，也要無所執著而生其心。

「須菩提！菩薩為利益一切眾生，應如是布施。如來說：『一切諸相，即是非相。』又說：『一切眾生，即非眾生。』」

佛陀說：「菩薩為利益一切眾生，應如是布施。」所謂的菩薩，就是能夠放下自我，優先為眾生設想，而我們凡夫就是放不下自我，處處都想著自己。由於我們是凡夫，所以要向菩薩學習。雖然佛教對於凡夫菩薩的要求，不是非常高，但是我們至少自己要懂得逐漸地放下自我，從有我而達於無我。聖者是無我的，所謂的我，即是非我，非我就是無我，我是性空的，是名為我。

這個「我」，也不過是一種名相而已，更深切地說，我相是性空的，是無我的，僅是緣生、緣滅中的我相而已。放下自我的執著，才能利益一切眾生。如是布施、持戒、忍辱、精進、禪定，都是為了離相，才能向上。

佛說：「一切諸相，即是非相。」所有一切相都是性空的，所以稱為非相。佛又說：「一切眾生，即非眾生。」菩薩能夠去執著眾生嗎？不能，度化本身要無所住而生其心。菩薩只管盡量做就是了，至於眾生能不能度得進來佛門，那是無法主宰的事，只求盡力就是了。

以凡夫來看，法相是有差別相，但是要確信因緣充滿了平等性，將來才能夠達於平等相的現前，那才是諸法實相。所以菩薩道上是用忍位，解脫道上是證果，證初果、二果、三果、四果，然後不受後有。

有人問：「四果阿羅漢不受後有，到哪裡去了？」在四禪天裡的五不還天。四果聖者把第七識的雜染力量伏住，第七識就不會帶著第八識再去投胎轉世，但這不是究竟，因為雜染其實還在，只是透過智慧放下，再透過禪定來伏住雜染。

解脫道以戒、定、慧三學為根本，南傳佛教有很多禪師走解脫道，修定對他們來說非常重要。菩薩道也要修定，但是不入深定、不斷細惑，換句話說，要修定，但是不能入深定，因為入了深定就會厭離，會覺得眾生是憒鬧的，需要厭離。

在修行上，解脫道上用證果，證果就脫離生死。菩薩道上是用忍位，要能夠深觀因緣，透過因緣而通徹一切，所以要不住相生心。

忍位可分為三個部分：聲響忍、柔順忍、無生法忍。

一是「聲響忍」。聽聞佛法是一種聲響忍，因為要耐得住性子，要有耐心，要能夠安住，是不容易的事。很多人會覺得說，佛法講得那麼多、那麼深，既然我都做不到，那就乾脆不要聽了，這是一種錯誤的觀念，正因為做不到，所以更需要聽，在聽聞佛法的過程中，自然會知道如何著手去改善自己。

二是「柔順忍」。般若法門談的是因緣法，因緣是無有定法，性空就是在講無有定法。因緣就像水一般非常柔軟，倒入什麼容器就變成什麼樣子，菩薩道就是要透過因緣法調柔自己，不要再自以為是。

很多人總認為一定要做到什麼程度，才是成功，甚至會條列許多規定標準來要求。但是菩薩對待眾生是無所求、無所住的心，只有盡力隨順因緣，克盡本分來度化眾生，這便是柔順忍。

我常常會想，要看一個人到底有沒有修行，或是修行到什麼程度，端看他的柔軟程度便可得知。一個很柔軟的人，會讓人覺得溫暖，他能夠隨遇而安，遇到什麼情況都沒有關係。對他自己來說，就是在逐漸放下我執，所以會愈來愈柔軟。

無論處身任何的環境，都能夠安身立命，不給對方添麻煩，這就是一種柔軟的程度。比方我們有位會長，參加活動不會提出特別要求，都是隨著大眾而行。我有次看他擠在柱子旁聽課，出入都要鑽過來、鑽過去，實在不方便。想幫他換個位子，會長卻表示不用，反而說：「因為有柱子，所以我有依靠。」多年來在許多活動中，會長都讓我感受到一位菩薩的柔軟心。行菩薩道真的是需要柔軟，才稱得上菩薩。這需要無我相、無人相、無眾生相、無壽者相，柔軟是無相的。

三是「無生法忍」。無相上的執著，稱為柔順忍，才能夠達於無生法忍。無生法忍要到第二大阿僧祇劫圓滿，七地菩薩的完成，已經不再有父母生身的困擾，第七識完全轉染成淨。當然，先要第六識轉迷啟悟，從相有而進入性空，才能去處理因緣上的問題。先從粗的部分來調整，才能夠調到細的部分，這是菩薩道上用忍位的方式。

另外，忍辱可分三個部分：耐怨害忍、安受苦忍、諦察法忍。

一是「耐怨害忍」，是忍人事上的人我是非問題，以菩薩道來說，要不為所動，但是也要不忘初心。菩薩都是發心要利益眾生，但是因為在團體中，人多是非多，可能有毀謗、讚譽，要練習「毀譽不動心，順逆皆精進」。

二是「安受苦忍」，主要是大環境裡的問題，面對太冷、太熱或其他種種身體不適，自己一樣保持精進，風雨無阻地堅持。比如像疫情襲捲全球，我們是不是也要安受苦忍？疫情是我們的共業，但我們每個人都還有不同的別業，別業是我們能夠努力的，共業上我們要共同遵守一些規範去配合，願意配合也是一種放下自我，才能願意配合。我們可以在別業上多做努力，畢竟要種下善的因緣或是惡的因緣，都是要靠自己來努力。

如果我們一直活在恐懼或憂鬱害怕中，其實又造了惡因緣。如果我們自己非常用功，願意聽經聞法、誦經、禮佛、拜佛，都能累積善因善緣。特別是願意去利益更多眾生，利益眾生本身就是福報，可以廣結善緣。

什麼是善？清淨的利他稱為善，雜染的執著稱為惡。所謂的惡，就是煩惱，所以五十一個心所之中，有二十六個煩惱心所，善心所只有十一個，比例很低。

善是需要長養的，增強對法的認知，起善的機會便也變多。當業障現前時，還是一樣能起善心善念，那就是修行的工夫。一般業障現前都是痛苦煩惱，進而導入惡性循環，像滾雪球愈滾愈大。我們要接受業障，才有機會逆增上緣，逆緣也可因著性空而可改可變。當果報還沒有現前之前，如果加入大量的善因緣，便可以改善將來所結出來的果報，因為在因到果之間還有緣，還有緣的改善機會。

三是「諦察法忍」，也就是從法相進入法性空慧的確認。我們現在看的法相，有分別相，但是我們要確信聖者看到的是無分別相。雖然我們還無法驗證，但是有一個很重要的依據就是法性空慧，可以透過性空來觀。性空本身就是平等性，我們要確信因緣法充滿了平等性，要確認再確認，諦察法忍是最深的忍辱。

(2)佛說無虛勸

介紹完了忍辱離相勸，接著進入佛說無虛勸。

「須菩提！如來是真語者、實語者、如語者、不誑語者、不異語者。」

「須菩提！如來所得法，此法無實無虛。」

佛陀對須菩提說：「如來是真語者、實語者、如語者、不誑語者、不異語者。」真語者的「真」是「不妄」的意思，實語者的「實」是「不虛」的意思，如語者的「如」是「與法相應」的意思，不誑語者的「不誑」是「實」的意思，不異語的「不異」也是「如」的意思，它是無實無虛的，也就是不落二邊，所以我們說諸法實相，必然是不落二邊。

修學般若，略有二行，一是「入理」，二是「成行」。懂得道理非常重要，要正觀法相，達自性空而離相生清淨心。成行是本著般若的妙悟，在種種利他行當中，離妄執而隨順實相，《金剛經》特重利他為先的布施，此法無實無虛。

「須菩提！若菩薩心住於法而行布施，如人入闇，則無所見；若菩薩心不住法而行布施，如人有目，日光明照，見種種色。」

我們不是大菩薩，難免會住於法而行於布施，但是如果想要進步成長，就要不住於法、不住於相。「若菩薩心住於法而行布施，如人入闇，則無所見」，因為我們心有執著，就會痛苦煩惱，生起無明，不能得見諸法實相。無明是暗的，煩惱是無明的，智慧是光明的，所以要對治我們的煩惱，就是要多聽經聞法，因為佛陀所說的法，提供了光明的光源。

「如人入闇」，是因為我們的出生，就帶著第七、八識的雜染、執著而來，因有執著，就有無明煩惱，如人入闇，則無所見。

「若菩薩心不住法而行布施，如人有目，日光明照，見種種色。」不住法而行於布施、持戒、忍辱、精進、禪定種種，就是五度如盲，般若為導。般若就是不住法，透過性空打破界限，打破執著，打破我們心量的局限。

發心，也是透過性空，來打破我們本來非常束縛的心。我們之所以束縛，是因為著相才束縛，如果能深觀因緣，就能離相，如人有目，能夠從無明觸逐漸提昇到聖者的明觸。明，表示有目，日光明照就能夠見種種色。所以，要能夠不住法、不求果報。但若是以為不求果報，所以我什麼事都不要做，那是誤解了性空，誤解了般若。

接下來進入校德，比較福德。

「須菩提！當來之世，若有善男子、善女人，能於此經受持、讀誦，則為如來以佛智慧悉知是人，悉見是人，皆得成就無量無邊功德。」

我們之所以受持讀誦《金剛經》，是因理解而相應，才會受持、讀誦，然後依循著正法，不斷地提醒自己。這是佛陀教導我們的最核心真理法則。

為什麼如來以其智慧，能悉知是人、悉見是人？我們平常說宇宙當中有無限無量的世界，每個世界有無限無量的眾生，每一位眾生是無限無量的心念，佛陀卻說他能悉知、悉見，為什麼？因為性空而通徹一切，所以皆得成就無量無邊的功德。這功德不僅是修福報的，更是修智慧的。修智慧尤其可貴，才能夠造就所謂的菩薩。菩薩能廣為利益眾生，乃至造就更多的佛陀，成就更多成佛者。

「須菩提！若有善男子、善女人，初日分以恆河沙等身布施，中日分復以恆河沙等身布施，後日分亦以恆河沙等身布施，如是無量百千萬億劫以身布施；若復有人，聞此經典，信心不逆，其福勝彼，何況書寫、受持、讀誦、為人解說。」

印度對於時間的劃分，即所謂「晝夜六時」，將時間分為六段：初日分、中日分、後日分、初夜分、中夜分、後夜分。初日分是上午六點到十點，中日分是上午十點到下午二點，後日分是下午二點到傍晚六點，初夜分是傍晚六點到晚上十點，

圖二十七：六分

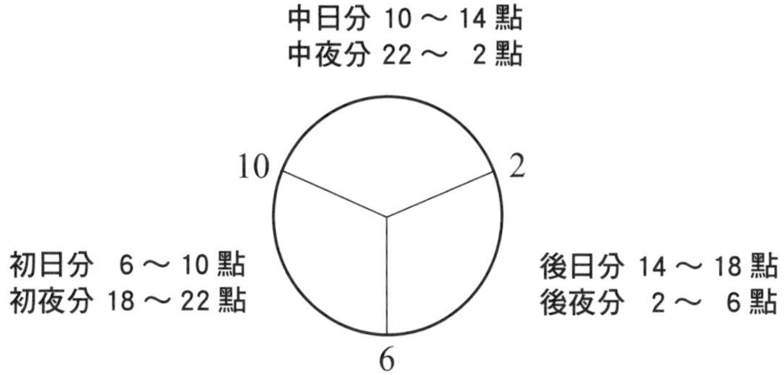

中夜分是晚上十點到半夜二點，後夜分是半夜二點到早上六點（如圖二十七）。

此處從初日分、中日分到後日分，為什麼沒有初夜分、中夜分、後夜分？因為那時都在休息。會想到願意以恆河沙等身布施，是清楚明白的狀態，不是糊里糊塗的，而到了夜分就比較鬆懈了。能願意如是無量百千萬億劫以恆河沙數那樣多的身體來布施，生生世世都願意布施，這是多麼地困難。布施外財已經不容易了，而布施外財還比布施內財容易，尤其以身布施是非常困難的。

「信心不逆」是指聽聞經典而能生起清淨的心。如果我們的善根因緣不足，聽不懂佛陀所說的法，心裡就會想：「是真的嗎？」這就是信心有逆了，因為心存懷疑。信心不逆，則是就算不懂也願意接受，便是信順。

我們的信仰，通常是先起信仰的心，就是一種仰信。之後是「信順」，就是信心不逆，不逆就順了。因此信順的人，雖然自己無法理解佛法，卻能深信佛陀所說，認為是自己的根機有限，所以暫時還聽不懂佛法。通常一般人不會認為自己是不足的，所以經常不以為然地去否定別人，結果反而斷了學習的道路。能夠信心不逆，才能夠進入「信實」，乃至「正信」。

「信心不逆，其福勝彼」，像經文所說：有人上午、中午、下午，都以恆河沙數那樣多的身體來布施，如此經過百千萬億劫從未中斷，這樣的功德是非常之大的。但是如果能夠信心不逆，所得的福德更勝於前，更何況書寫、受持、讀誦、為人解說，功德自然更大。

何謂受持？就是在固定的時間做同一件事，養成生活習慣，之後便會成為習性，成為習性之後，就會流轉到下輩子去。

為什麼寺院規定要做早課？當我們每天早上，於固定的時間做固定的事，就會變成日常習慣。當習慣每天都這麼做時，就不會猶豫自己今天要不要用功。懈怠是我們的習性，放逸、懈怠都屬於大隨煩惱，來自第七識。我們都會有各種的逃避理由，不知道自己為何要做得這麼辛苦，如果修行有這種心態，就不能稱為受持。

居士也可以在家安排定課，把修行養成習慣性。比方運用清晨起床後或晚上臨睡前的一段時間來用功，將誦經、念佛、禪坐變成我們的習慣性，這些點滴的善因緣就能夠積沙成塔，累積功德。

信心不逆的人所得功德，尚且能勝過布施身命的人，更何況書寫、受持、讀誦、為人解說，這些更具有大功德，因為能影響他人學佛。尤其在過去印刷術不發達的時候，所有經典都靠書寫來流通，所以鈔經本身的功德也非常大。此處就是在比較福德，用有形的來想像無形的，雖然功德是看不見的，但卻是存在的，這些功德也全都記錄在生命的黑盒子裡。

4.廣歎顯勝

⑴獨被大乘勝

「廣歎顯勝」說三種殊勝：獨被大乘的殊勝、世間所尊的殊勝，以及轉滅罪業的殊勝，然後再一次校德。

「須菩提！以要言之，是經有不可思議、不可稱量、無邊功德。如來為發大乘者說，為發最上乘者說。

佛陀對須菩提說：「總而言之，這部經有不可思議、不可稱量的無邊功德。如來為發大乘者說，為發最上乘者說。」不但是僅為大乘，而且是最上乘者。大乘已經非常可貴，但在大乘三系也有差別。細分別來說，般若系屬於最上乘者。

若有人能受持、讀誦、廣為人說，如來悉知是人，悉見是人，皆得成就不可量、不可稱、無有邊、不可思議功德，如是人等，則為荷擔如來阿耨多羅三藐三菩提。

如果有人能受持、讀誦、廣為人說，如來完全知道、完全看見此人所成就的廣大功德。這樣的人既能成就此功德，就足以擔任如來無上菩提正法。這就是為什麼喜好小乘法的人，會局限於妄心，不免執著於我、人、眾生、壽者等私見，對此大乘最上乘法，不能理解，也不能聽受讀誦，更不能為人解說此經。

唯有透過般若，才能從發菩提心到三菩提，然後再以三菩提正遍等正覺，正遍給更多的眾生，然後達於如來的阿耨多羅三藐三菩提，也就是透過般若荷擔如來家業，弘法利生。如來家業是由菩薩或聲聞來荷擔？當然是菩薩，因為聲聞只求自我解脫，而菩薩道是透過幫助眾生解脫而成就。

何以故？須菩提！若樂小法者，著我見、人見、眾生見、壽者見，則於此經，不能聽受、讀誦、為人解說。」

「若樂小法者」，屬於小乘行者。為什麼稱為小乘？因為心量有限，難發大心。我們的心量是透過修行慢慢地擴大，也唯有透過性空，才有機會擴大。但是我們難免還帶有宿世劫以來自私自利的習性，因此仍有不少屬於好樂小法者的眾生。不自求解脫屬於自了漢，是著我見、人見、眾生見、壽者見，所以對於這部經典，不能聽受、讀誦、為人解說。這部經典專門為發大乘者說，對於好樂小乘者來說，就不相應、不相契，不相應就不受用，相應才會相契而受用，而願意修行和推廣。

找到與自己相應相契的法門是很重要的。佛陀為什麼要說八萬四千法門？八萬四千是形容數量很多，目的是為了幫助眾生找到與自己相應相契的法門。縱然是生生世世處在困境當中，我們還是願意堅持學習般若法門，就是因為相應相契。小乘行者和般若法門不相應、不相契，是因為還有所著於自我，會覺得自我了脫最重要，就對這部經典不相契。

般若經典是三乘共法，但是廣為大乘用於菩薩道。聲聞透過般若也可解脫，但是比較不用般若法，而從實證無常、無我、空的三法印得解脫；菩薩道則是一實相印，即性空的法印，這就是獨被大乘的尊勝，而且是世間所尊的殊勝。

(2) 世間所尊勝

「須菩提！在在處處若有此經，一切世間天、人、阿修羅所應供養；當知此處則為是塔，皆應恭敬，作禮圍繞，以諸華香而散其處。」

因此，佛陀對須菩提說，在在處處、隨時隨地，如果有這部經典存在的地方，一切世間天、人、阿修羅所應供養。天、人、阿修羅屬於三善道的眾生，惡道眾生光是償還業報都來不及，也沒有供養的能力。因此，能做供養的都是善道的眾生。

要知道這部經典所存在的地方，就如同佛塔一般的尊貴。佛陀在世的時候以佛陀為主，佛陀入滅就以佛塔為代表。在斯里蘭卡等南傳佛教國家，寺院幾乎都有佛塔，因為佛塔代表佛寶，也一定有僧寶來維護，而僧寶所要住持的是法寶，即象徵三寶具足。

《金剛經》本身就是法寶，如同佛寶、僧寶的存在，所以要以香花來供養佛塔。這是世間所尊貴的殊勝，並且這部經典具有可以轉滅罪業的殊勝。

(3)轉滅罪業勝

「復次，須菩提！善男子、善女人受持、讀誦此經，若為人輕賤，是人先世罪業應墮惡道，以今世人輕賤故，先世罪業則為消滅，當得阿耨多羅三藐三菩提。」

佛陀再一次告訴須菩提，如果有善男子、善女人受持、讀誦這部經典，假使受人輕賤、看不起，那是因為因他們前世所造的惡業，本應墮入惡道，但因為今生被人輕蔑對待，所以前世的罪業已經消除，將來也可成就佛果。

為什麼有的人很用功持誦《金剛經》，卻被人輕視呢？這實在是讓人感到疑惑。其實像這樣的人是屬於重罪輕受，前世罪業本應受墮入惡道的重罪，卻在今世被人輕視，而得以消滅前世罪業。因為性空緣起，今世行善業可消除很多過去世罪業，而有助於成佛。

性空並非針對某一個現象而設，它是整體性的法則。如果第七識的雜染能夠慢慢地轉染成淨，就會變得比較輕微。我們的第七識雜染深重，即使是善，也是雜染的善；若是惡，則更是雜染的惡。須透過第六識的轉迷啟悟，才有機會讓第七識轉染成淨，而能重罪輕受，稱為轉滅罪業的殊勝，由此才能夠慢慢地向上提昇，愈向上，就愈接近阿耨多羅三藐三菩提，這是獨被大乘的尊勝。

「須菩提！我念過去無量阿僧祇劫，於然燈佛前，得值八百四千萬億那由他諸佛，悉皆供養承事，無空過者；若復有人，於後末世，能受持、讀誦此經，所得功德，於我所供養諸佛功德，百分不及一，千萬億分乃至算數、譬喻所不能及。」

阿僧祇是無量劫，是非常久遠的時間。佛陀成佛前行菩薩道，於第二大阿僧祇劫滿的時候，蒙燃燈佛授記。其實在過程當中，也有機會值遇八百四千萬億那由他諸佛，不僅能夠值遇諸佛，還能供養、侍奉諸佛，沒有錯失任何一佛，這樣的功德當然非常之大。但是佛陀卻說，如果有人在未來世能受持、讀誦《金剛經》所得的功德，是他過去所有供養諸佛的功德所無法比擬的，甚至連百分不及一、千萬億分乃至算數、譬喻所不能及。這就表示受持、讀誦《金剛經》所得的功德，百千萬億倍於佛陀行菩薩道所得的功德。為什麼修持《金剛經》的功德可以如此之大？因為佛陀供養諸佛是過去的功德，而透過般若經典，可以造就將來的佛陀，所以未來的功德更是無限無量。

《心經》說：「三世諸佛，依般若波羅蜜多故，得阿耨多羅三藐三菩提。」

修行主要還是要透過般若來培養無量無數的菩薩，這樣就有機會成就無量無數的佛陀。能成就未來佛陀的誕生，功德是不可限量的。

本段屬於校德，之後為結語，結歎難思。

5. 結歎難思

「須菩提！若善男子、善女人於後末世，有受持、讀誦此經所得功德，我若具說者，或有人聞，心則狂亂，狐疑不信。須菩提！當知是經義不可思議，果報亦不可思議。」

佛陀對須菩提說，如果有善男子、善女人於未來世，受持讀誦《金剛經》所得的功德，實在是大到無法具體描述。即使能具體說明，心量小的人會容受不了，而心慌意亂，狐疑不信。小乘比較以自我的解脫為主，小容不了大，所以心會狂亂，乃至自以為是的時候，會狐疑不信，覺得不合己意，或是自己所不能明白的，就乾脆不要了。狐疑不信，其實是切斷了自己的善根因緣。

佛陀又對須菩提說，《金剛經》的甚深法義不可思議，果報亦不可思議。在因緣上不可思議，果報當然更不可思議，所以結歎難思，能夠受持讀誦這部經典的功德是這樣的大。我們已有機會聽聞般若經典，至於能否受持、讀誦，就看我們自己有沒有心用功，甚至變成每天日常的功課。即使無法每天固定誦一部經，至少可以分日定量來安排，比如兩天或三天一部。找到自己能夠實踐的方法，長久地用功。所謂路遙知馬力，勇猛心易發，恆常心難持，不要一開始就給自己訂下太高的標準，結果因不易實行，反而容易放棄，那就非常可惜了。如果能夠長期受持，功德將大到難以思議、難以言喻，端看我們自己的意願。

透過校德，可以得知受持、讀誦《金剛經》功德之大。由於校德是用比較具體的方式來對照，我們比較容易想像。功德雖然存在，卻是無形無相，所以要離相、無住為本。

隨順性空法門，離相生清淨心，才有機會轉染成淨。無所求的心，也是在轉雜染的第七識。第七、八識都是非常地宅，對內不對外。第六識非常活躍，是因為有五個管道。前五識的對外管道很多，八識的偈子就說：「五個門前做買賣，一個在家把帳開。」前五識的管道很多，像在門前忙碌做買賣，第六識也跟著非常活躍，要不停地決定善惡算帳。修學佛法要藉由熏習第六識來教導第七識。透過性空，能夠讓我們轉染成淨，這個也是結歎難思。

接下來就進入明心菩提。我們會發現，經中問了兩次一樣的問題，其實前面是般若道，後面是方便道；二道同樣要透過發心、修行、證果，方便道即是勝義諦上的發心、修行、證果。

〈第三篇〉

方便道——以慈悲導航智慧

方便道和般若道有何不同呢？般若道與方便道的五菩提，都要經過發心、修行、證果的歷程，但是般若道屬於世俗諦，方便道則屬於勝義諦。因特重於菩薩的方便度生，故名方便道，修行是以慈悲導航智慧。佛陀於方便道部分，先開示次第，最後是勸發奉持。

一、明心菩提——發勝義菩提心

方便道次第的明心菩提，包括「真發菩提心」和「分證菩提果」。

為什麼稱此方便道的明心菩提為「真發菩提心」呢？因為此時聖者所發的大菩提心，全然與真理現象相應，而與般若道的發心菩提、伏心菩提、明心菩提，截然不同。

為什麼要說「分證菩提果」？因為一切超凡入聖的聖者，即已開始分證佛陀的法身。佛陀的法身稱為菩提果，而聖者的證量隨其層次的不同，分證也不同。只有聖者修行菩薩道，才能分證菩提果，也就是佛陀的法身，會日益增長，經過「出到菩提」的嚴土熟生，到了「究竟菩提」，即是圓證了佛陀的法身。

「明心菩提」就「般若道」來說，是從發心菩提經過伏心菩提的過程，降伏了凡夫的自性妄執而悟證的聖者果報；就「方便道」來說，則是進入聖者勝義諦的發心，發的是勝義菩提心。聖者方便道的明心菩提，在證入實相般若後，更應續佛慧命，以成熟的般若智慧來普度群迷。

爾時，須菩提白佛言：「世尊！善男子、善女人發阿耨多羅三藐三菩提心，云何應住？云何降伏其心？」

此時，須菩提再次向佛陀請法：「善男子、善女人發阿耨多羅三藐三菩提心，云何應住？云何降伏其心？」

很多人看到這段經文，會大惑不解，這個問題不是在經文一開始就已經問過了嗎？雖然問題是一樣的，但是層次、高度有所不同，前面是在般若道上的發心，而這裡已經進入方便道上的發心。

在方便道上，明心菩提的發心，之所以稱為「真發菩提心」，是因為聖者已驗證了真理實相，已達涅槃的境界。在般若道上，我們凡夫的發心，難免還是停留在發世俗有我菩提心的階段，著相的成分還不少。但是，著相並不表示不能發心，反而正是因為著相，更要透過發心來破除對相的執著。

這個階段是「無相發心」的起點，即發「勝義諦菩提心」，由於深悟無我，已分證如來清淨的法身。從悲智雙運中發菩提心，屬於紹隆佛種的真佛子，前後同樣發成佛的無上大心，只是修行境界不同，所以須菩提再度請示佛陀，應如何安住？如何降伏其心？

（一）真發菩提心

佛告須菩提：「善男子、善女人發阿耨多羅三藐三菩提心者，當生如是心：『我應滅度一切眾生。滅度一切眾生已，而無有一眾生實滅度者。』何以故？須菩提！若菩薩有我相、人相、眾生相、壽者相，則非菩薩。所以者何？須菩提！實無有法發阿耨多羅三藐三菩提心者。」

佛陀告訴須菩提，善男子、善女人發成佛的阿耨多羅三藐三菩提心者，應當要生這樣的心：「我應當滅度一切眾生，完成了滅度一切眾生之後，而實際上沒有任何一個眾生因我而滅度。」

此處是明心菩提發勝義菩提心，屬於勝義諦的方便道，非世俗諦的般若道。明心菩提有兩個高度，一個是較低標準的高度，配合唯識系的見道位，在「聖賢菩薩」登初地，圓滿第一大阿僧祇劫，超凡入聖時，「般若將入畢竟空」，絕諸戲論，但隨後即是「方便將出畢竟空」，嚴土熟生。另一個較高標準的高度，則是達於七地圓滿的無生法忍，脫離父母生身，以變易生身分身無數，即第二大阿僧祇劫圓滿的「菩薩摩訶薩」階段，能自在地莊嚴佛土、成熟眾生。菩薩摩訶薩雖滅度成熟一切眾生，並無有一眾生真實得滅度（如圖二十八）。

般若將入畢竟空，聖者自證得無我，即是涅槃本質的現前，若心量小之初果聲聞聖者，再經二果、三果，直到四果阿羅漢，不受後有，得以解脫生死。但是心量大之菩薩聖者，則方便將出畢竟空，所要做的就是嚴土熟生的工作，於此階段所發的是勝義諦菩提心，名為真發菩提心。若是達於無生法忍以上的菩薩摩訶薩，脫離

圖二十八：般若道和方便道的比較

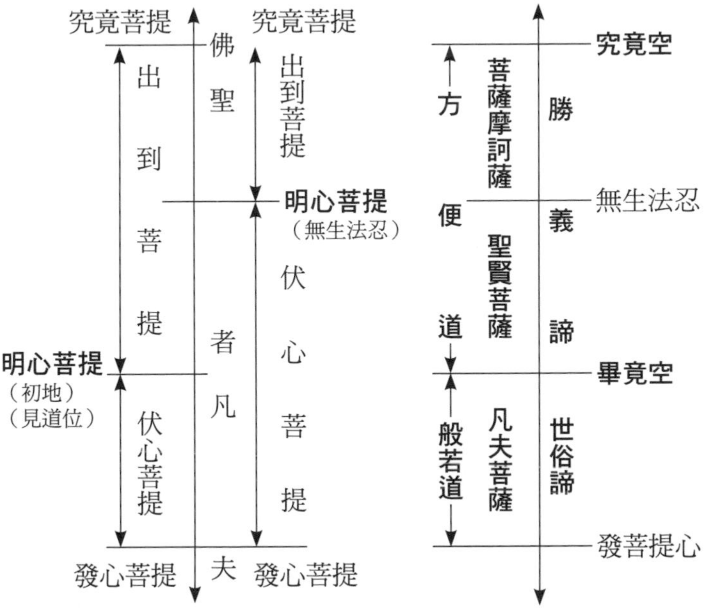

父母生身，因為第七識已經轉染成淨，心中無有任何俱生我執，也就是不再有父母生身的罣礙，進入了行不退轉的境界後，可以分身無數。聖賢菩薩以上的聖者，本身都是驗證了涅槃寂靜的諸法實相，一方面驗證了因緣無有不變、獨一、實有主宰的自性，另一方面則因緣和合的眾生，也不是實有不變的眾生，所以菩薩摩訶薩說無有一眾生實滅度者。因此，佛陀說：「若菩薩有我相、人相、眾生相、壽者相，則非菩薩。」

為什麼佛陀說「實無有法發阿

耨多羅三藐三菩提心者」？因為阿耨多羅三藐三菩提心，並非實有不變的法，只是假名為阿耨多羅三藐三菩提，因為在成佛前的因地，所發的願力不同，過程也各有不同，因此無有實法，也就是說無有定法達於阿耨多羅三藐三菩提心。

成佛之前的菩薩道，就是透過放下自性妄執、不著相、無所住、無所求的勝義諦的心，完成菩薩道而成佛。因此，諸佛度化眾生，各有不同的方式。

（二）分證菩提果

「須菩提！於意云何？如來於然燈佛所，有法得阿耨多羅三藐三菩提不？」

「不也，世尊！如我解佛所說義，佛於然燈佛所，無有法得阿耨多羅三藐三菩提。」

佛陀問須菩提說：「如來於燃燈佛所，是不是有法能得到阿耨多羅三藐三菩提呢？」修行菩薩道至七地圓滿，即第二大阿僧祇劫的圓滿，自然會蒙佛授記。佛陀明白大眾心中一定很好奇，佛陀在燃燈佛處蒙佛授記時，燃燈佛是不是傳了什麼祕密大法給佛陀呢？

須菩提經佛這麼一問，他的回答是直接否定。須菩提長者是解空第一，他依據自己對佛陀教義的理解，回答說：「佛於燃燈佛處，無有法得阿耨多羅三藐三菩提。」實在說，法無定法。

雪山童子不僅把他身上所有的財物施捨供養燃燈佛，還答應五百世要娶賣花女子為妻，為什麼他能如此無礙？因為沒有「我的」這種懸念，所以即使是髒汙的窪地，也能毫不遲疑地以髮鋪地。如果是其他的菩薩摩訶薩或其他人蒙佛授記，也都是這樣的情節嗎？不是的，各有不同。只因雪山童子當時的情境，自然就會有這樣的反應，這是一種徹底無我的狀態。

超凡入聖以上，才能證得無我，雖然第七識還有雜染，但是雪山童子在聖者位當下感受到諸法實相，而出現涅槃的景象，只是那時的證量是很少的，到了明心菩提的階次，證量已變大，而且第七識的雜染完全沒有了。

雪山童子在完全無我的狀態下，俱生我執都消失了，即將脫離父母生身，他就會有不同的表達，不再具有凡夫愛惜自我色身和自私自利的習性。愈是無我，就愈柔軟。菩薩摩訶薩必然非常柔軟，才能恆順眾生。例如觀世音菩薩現三十三種應化身，眾生需要用什麼方式得度化，就現什麼身，這是菩薩的可貴之處。尤其達於無生法忍以上的菩薩，已脫離父母生身，更是完全無我。

「無有法得阿耨多羅三藐三菩提」，名阿耨多羅三藐三菩提的佛果，不是固定不變的實法，這是無有定法的，故說無有法可得。就像取得博士學位的進程並非固定不變，而有各種不同的過程與方式。博士後從事學術研究或企業管理等，也是無有定法，實無有法，故說無有法得博士學位。

佛言：「如是，如是！須菩提！實無有法，如來得阿耨多羅三藐三菩提。須菩提！若有法，如來得阿耨多羅三藐三菩提者，然燈佛則不與我授記：『汝於來世當得作佛，號釋迦牟尼。』以實無有法得阿耨多羅三藐三菩提，是故然燈佛與我授記，作是言：『汝於來世當得作佛，號釋迦牟尼。』何以故？如來者，即諸法如義。」

佛陀說，的確如須菩提所說，佛陀得阿耨多羅三藐三菩提，確實無有定法。我們每一個人都希望將來成佛，但是大家的修行過程各有不同，因為各有不同，所以是實無有法，沒有固定不變、主宰性、實有的法。

因此，佛陀告訴須菩提，如果真有這樣的實法，讓如來得到阿耨多羅三藐三菩提，燃燈佛就不會為他授記。因為如果認為真有實有法，這是因執著才有的法，就表示沒有達到無生法忍，第七識必然還有雜染。若是達於無生法忍，第七識已完全轉染成淨，不會再投胎轉世了，自然會有佛陀來為之授記。

「汝於來世當得作佛，號釋迦牟尼」，這是雪山童子蒙佛授記。所謂「授記」，是佛親口預告佛弟子，你將來必定會成佛，並且把成佛的時間、地點、佛號都說出來。佛經所講的時空都很遼闊久遠，時間以劫計算，地點則是某某世界。

就是因為實無有法，一切法都可變可化，才能透過修行，得阿耨多羅三藐三菩提，燃燈佛才會授記雪山童子將來必定成佛。為什麼這麼說呢？所謂「如來」，即諸法如義，是圓滿印證實無有法的真如，與真理現象完全相應相契，圓證了盡虛空界的清淨法身，所以稱為如來。

佛有十個名號，如來是其中一個，也稱為如義、如說、如解。這個「如」字，就是真理的現象；「即諸法如義」，是指所有一切法實無有法，完全和真理現象相應相契的狀態。

「若有人言『如來得阿耨多羅三藐三菩提』，須菩提！實無有法，佛得阿耨多羅三藐三菩提。須菩提！如來所得阿耨多羅三藐三菩提，於是中無實無虛，是故如來說：『一切法皆是佛法。』

有些人會覺得成佛以後，無論如何應該還是有個東西可得；認為阿耨多羅三藐三菩提可能是一種實有的現象。其實，「實無有法」佛得阿耨多羅三藐三菩提。「如來所得阿耨多羅三藐三菩提，於是中無實無虛」，阿耨多羅三藐三菩提就是不落虛實二邊，故於當中無實無虛，實與虛完全平等平等。世間法落於二邊，非此即彼，非有即無，所以有生有滅、有垢有淨、有增有減，隨現象變化而躁動不安。

因此，我們要透過般若性空的智慧，善觀中道不二，來超越執取兩端的世間法，乃至於出世入世無礙，直到圓滿成佛。這一過程都是中道不二的，故稱為無實無虛。如來所說的一切法，實無有法，這是甚深空義的佛法，有情眾生皆依法修行而成佛。

須菩提！所言一切法者，即非一切法，是故名一切法。」

佛陀所說的一切法，都是緣起性空的，都是因緣和合而生，因緣離散而滅，就因為甚深的因緣是空性、平等性的。雖然現在看起來有這樣的現象，但是現象不斷在變動，不是肉眼所能察覺出來的。如果只靠肉眼看現象，會誤以為一切都沒有變動，認為桌子、椅子、房子都沒有任何變動，其實一直是在變化當中。比如有一間房子於數十年後傾毀，除非因災害致損，否則往往不是一夕之間突然崩壞，而是經數十年逐漸衰壞的過程，這就是性空的緣故，所以稱為「即非一切法」。「是故名一切法」，只不過在名相上，稱為一切法而已。千萬不要執著一切法是實有不變的，其實都是實無有法。

方便道是深悟了無我，而且已經分證到如來的法身，從悲智一如當中來發心，所以稱為「真發菩提心」，即紹隆佛種的真佛子。所以稱為「真佛子」，是因為這樣的佛子，在菩薩道已是行不退，那是最穩當的。

般若、方便二道都先後請教「如何發心」，而且如來的回答幾乎一致，但不同的是，如來對於方便道的發心回應，最後多了一個提點：「實無有法。」由於初學般若道的發心，是從世俗諦以為「真實有法」而發心，經過一大阿僧祇劫伏心菩提「無住生心」的修學，達於聖者的境界，驗證到「實無有法」的現前，達於明心菩提，是真發菩提心的起步，必然強調勝義諦的「實無有法」。

二、出到菩提

從方便道的明心菩提發心之後，是修行出到菩提。證入出到菩提者，能世出世入而無礙，雖然已經出離三界，但因有分身，能在三界當中自由來去。就像地藏菩薩來去自如，而且是隨願力而去，不像我們在三界當中是隨著業力而行。我們的業

圖二十九：出到菩提：成就法身、成熟眾生、莊嚴佛土

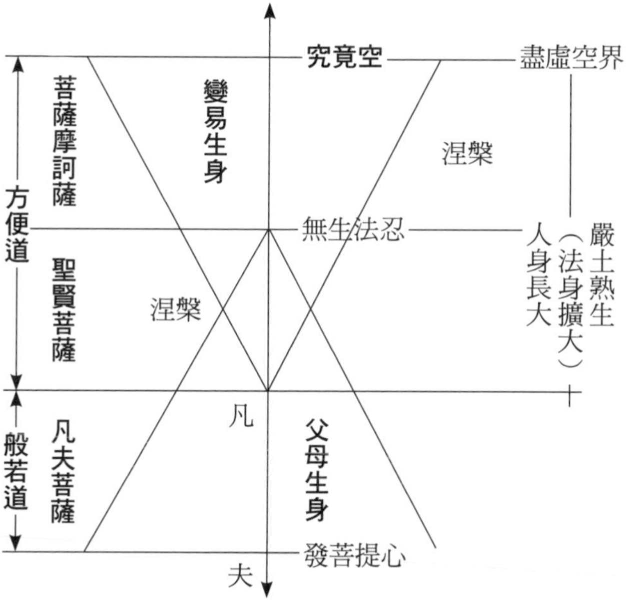

果結在哪裡，就生在那裡，菩薩摩訶薩則於三界六道中出入無礙，稱為「出到菩提」。

出到菩提包括：成就法身、成熟眾生、莊嚴佛土（如圖二十九）。出到菩提是證得無生法忍而到達，如果以唯識來講，就是修道位。出到菩提所做的事，是成熟眾生、莊嚴佛土，一直到究竟位，就是圓滿成就法身證佛果。換句話說，證得出到菩提，才能夠達於究竟菩提，成就佛陀的圓證法身，這是盡虛空、遍法界的法身。

（一）成就法身

「須菩提！譬如人身長大。」

須菩提言：「世尊！如來說人身長大，則為非大身，是名大身。」

什麼是「法身」？法身是聖者自證的清淨實相，從撥雲見日的一道曙光，成長到成佛無量無邊、盡虛空界的太陽光一般，必須歷經三大阿僧祇劫。此處以人身做譬喻，因為比較容易想像。又如觀世音菩薩具有千手千眼，這也是人身長大。就像慈濟人，無論在世界的任何地方發生災難，慈濟人幾乎都隨傳隨到，這真的非常不容易。我非常佩服他們的願心和行動力！慈濟是一個菩薩的志業體，也可以說是一種人身長大。

人身可以長大，但還是離不了性空的法身。性空是通徹一切，突破凡夫的執著障礙。聖者的法身可以長大，就因為性空，故說非大身，只不過名稱為大身。可以擴大到盡虛空界的法身，才是真正的大身。

菩薩的成長如同人身的長大，二道五菩提愈往上提昇，法身就愈長大，直到成佛的盡虛空界。出到菩提就是為了成就法身，出到菩提的圓滿證果就是成佛。

（二）成熟眾生

「須菩提！菩薩亦如是，若作是言『我當滅度無量眾生』，則不名菩薩。何以故？須菩提！實無有法名為菩薩。是故，佛說：『一切法無我、無人、無眾生、無壽者。』

為什麼如果菩薩說「我當滅度無量眾生」，則不名菩薩呢？因為有我，一旦有我執，就不名為菩薩。但是，如果是說「我當滅度眾生，而實無一眾生得滅度者」，則是可以的，因為沒有我執。

這是對菩薩的一個高標準要求。所謂的大菩薩，也就是實證實無有法，證得無我相、無人相、無眾生相、無壽者相，這些都是用性空來通徹一切，所以菩薩摩訶薩能夠分身無數，能從般若道到方便道的成熟，這些過程都是以「無我」來貫串。

菩薩是完全無我地去幫助眾生，沒有任何的執著，無我相、無人相、無眾生相、無壽者相。

方便道其實就是成熟的般若道，般若道就像是金塊，方便道則是運用這些金塊來打造飾品。金塊比較樸實無華，就像般若道在前期比較樸拙，等到成熟為方便道，就能夠非常方便善巧，打造出各種精緻的飾品。因此，方便道相較於般若道更為自在無礙，能夠分身無數億，更擴大地成熟眾生、莊嚴佛土。

（三）莊嚴佛土

須菩提！若菩薩作是言『我當莊嚴佛土』，是不名菩薩。何以故？如來說莊嚴佛土者，即非莊嚴，是名莊嚴。須菩提！若菩薩通達無我、法者，如來說名真是菩薩。」

「若菩薩作是言『我當莊嚴佛土』，是不名菩薩。」這是因為還是有我，所以不名為菩薩。我們追隨菩薩的修行方向，就是要從「有我」而逐漸「無我」。要知道這個「我」，其實就是自性妄執，無我則通於性空。修行菩薩道，就是要慢慢地消融自性妄執。

雖然行菩薩道要嚴土熟生，但也不能認為沒有我不行，應該要感召同願同行者，大家一起來做，才能夠成熟眾生。就正報來說，成熟眾生，是成就有情眾生的正報；就依報來說，莊嚴佛土，是莊嚴眾生所處的大環境。

「如來說莊嚴佛土者，即非莊嚴，是名莊嚴。」如何莊嚴佛土？莊嚴佛土的方式各有不同。例如我們在一個團體裡，奉獻心力、財力或專長，大家都用各種方式，共同來莊嚴道場、莊嚴佛土。莊嚴的方式各有不同，便是性空，是無有定法，只不過名為莊嚴。有莊嚴的現象，但它是眾因緣和合而成，也會離散而消失，所以我們固然歡喜於緣生，也要能夠欣然接受緣滅。

佛陀對須菩提說：「若菩薩通達無我、法者，如來說名真是菩薩。」真正的菩薩是通達無我的，究竟的無我、無我所，也就是滌除俱生的我執與法執，便是成佛。

佛，是不是人？「佛者，弗人也。」佛超越一般人，但還是人；佛是由凡夫成佛，只是他超越了人，完全無我。人就是以我為主，只要有我，就有雜染，即使是菩薩摩訶薩，種子還是有雜染，所以要把這些種子全部出清。

如何出清種子呢？菩薩摩訶薩的雜染種子，要能與雜染的眾生相應，眾生哪裡需要協助幫忙，菩薩即時感應前往，如此全然不為自己，便能出清雜染的種子，究竟圓滿清淨成佛。

三、究竟菩提

「究竟菩提」是圓證了清淨法身的功德，是盡虛空界的清淨法身。佛盡虛空界的清淨法身，具有六種特質：佛的知見圓滿光明、佛的福德眾多無量、佛的身相圓滿具足、佛的法音無遠弗屆、佛對信眾毫不執著的殊勝、佛無上正遍等正覺圓滿成就。

（一）圓證法身功德

1. 知見圓明

「須菩提！於意云何？如來有肉眼不？」
「如是，世尊！如來有肉眼。」
「須菩提！於意云何？如來有天眼不？」
「如是，世尊！如來有天眼。」
「須菩提！於意云何？如來有慧眼不？」
「如是，世尊！如來有慧眼。」
「須菩提！於意云何？如來有法眼不？」
「如是，世尊！如來有法眼。」
「須菩提！於意云何？如來有佛眼不？」
「如是，世尊！如來有佛眼。」

佛的知見智慧是究竟圓明，也就是能悉知悉見一切眾生心。為彰顯佛陀的知見圓明，知見往往先透過眼睛所見，以佛陀所成就五眼的問答，開展智慧不同高度的層次。

佛陀先後詢問須菩提，如來有沒有肉眼、天眼、慧眼、法眼、佛眼，須菩提皆答有，如來五眼具足。佛陀成佛具有佛眼，但是佛眼的形成是從凡夫的肉眼開始的。我們凡夫人具有「肉眼」，天人具有「天眼」，我們生為人好修行，並不需要具有天眼，所謂「修天不生天，願生佛陀前」。

修行就是修福、修慧，多多耕耘善因善緣。向善修福報，讓我們保持人身好修行；向上修智慧，超凡入聖是我們凡夫向上的第一個目標，因此要修般若智慧，打造般若慧眼。凡夫肉眼雖然尚未親證聖者的境界，但可以先戴一副般若的眼鏡，透過性空，調伏自性妄執，重新看待變化不歇的現象。通達空、無我性，是「慧眼」；達於聖賢菩薩，再以慧眼了知俗諦萬有，稱為「法眼」；見佛所見的菩薩不共境，就是「佛眼」（如圖三十）。

關於「五眼」，有兩種說法。一種是五種人有五種眼：人有肉眼，天人有天眼，聲聞有慧眼，菩薩有法眼，佛陀有佛眼；另一種是一個人同時具有五眼：肉眼、天眼、慧眼、法眼、佛眼。

⑴ 五種人有五種眼

圖三十：究竟菩提：佛知見圓明五眼具足

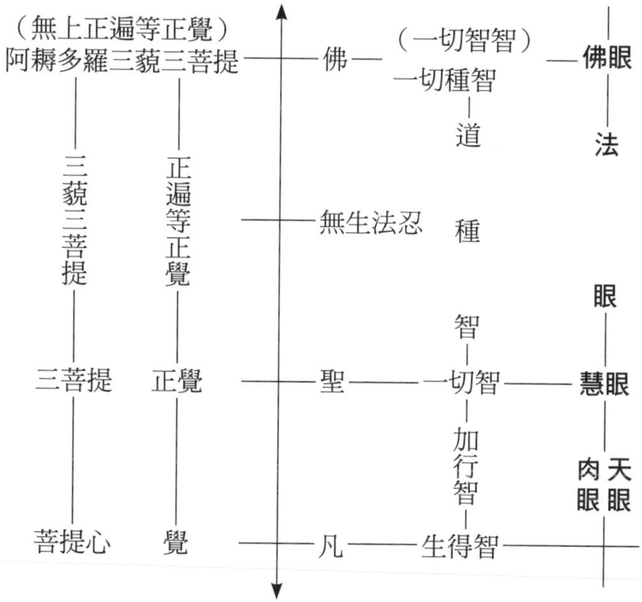

肉眼是世間人類的眼根，肉眼是見表不見裡，見粗不見細，所以我們都只見粗糙的表相，無法見到微細的因緣法。此外，肉眼是見前不見後，見近不見遠，見明不見暗，這些都是肉眼的特質。反之，天眼可明見表裡、粗細、前後、遠近、明暗，了了分明。

肉眼和天眼的共同點，皆由色法所成。何謂色法？就是地、水、火、風四大。不但人有眼根，天眼也是，都是由四大極微所構成的眼根。

聲聞有慧眼，能通達諸法無我

的空性。菩薩有法眼，不僅通達空性，還能從空出假，見到如幻如化的無量法相，並且能適應時機，以種種法門來度化眾生。佛眼則唯佛與佛自受用，乃至能究竟諸法實相，盡虛空界，空假不二，圓見中道。

慧眼、法眼、佛眼，是從智慧的能見而說，三者不屬於色法，而屬於心法。心法要透過修行的智慧才能修得。

⑵一人有五眼

什麼樣的人可以具有五種眼？只有佛陀，佛陀有五種眼。佛陀透過「肉眼」，能夠見凡人所見；透過「天眼」，能夠見諸天所見的境界，表裡、遠近都能透徹明見；透過「慧眼」，驗證涅槃，通達空無我性，得以解脫生死；透過「法眼」，了知真俗無礙，空有不二、世出世入；當法眼能完全清淨無染而盡虛空界，即臻於佛眼，這是唯有佛陀才具有的，稱為「佛眼」。

人和天人的眼根還可以互相比較，佛陀的肉眼、天眼，則是遠遠超乎我們的想像，不可思議。佛陀的自證，無所見而無所不見是「慧眼」；佛陀的化他則用「法眼」；權實無礙的則是「佛眼」。

聖者自證實相的境界，稱為「一切智」，這一切智即是「慧眼」，亦是生死解脫的本質——涅槃。聖賢菩薩以「一切智」當作修道的種子，不斷播種就是幫助眾生解脫，稱為「道種智」，這是量上的擴大，達於盡虛空界而成佛，即是「一切種智」或「一切智智」。

「須菩提！於意云何？恆河中所有沙，佛說是沙不？」

「如是，世尊！如來說是沙。」

「須菩提！於意云何？如一恆河中所有沙，有如是沙等恆河，是諸恆河所有沙數佛世界，如是寧為多不？」

「甚多，世尊！」

佛陀問須菩提：「恆河中的所有沙，佛說這所有沙都名為沙嗎？」須菩提回答是的。佛陀又問：「如果一條恆河中的所有沙，每一粒沙又是一條恆河，如此沙等恆河的所有沙數，都是如來所度化的世界，這樣的佛世界數目是不是很多？」須菩提回答：「多極了！」

佛告須菩提：「爾所國土中，所有眾生若干種心，如來悉知。何以故？如來說諸心，皆為非心，是名為心。所以者何？

佛陀告訴須菩提：「你所在的如此無限量的國土中，所有眾生的各種心念，如來都完全知曉。為何這樣說呢？因為如來所說的種種心，都是性空的，故稱非心，也就是不是真實不變的心，只能假名為心。」一條恆河沙數量無限大，沙等恆河的沙數，則是無限大乘以無限大，如此無限數量的佛世界，每一佛世界又是如恆河沙數的眾生，每個眾生又是如恆河沙數般的心念，究竟有多少的心念？這是多到無法計算的。

每個眾生的每一心念，為什麼佛陀都能悉知、悉見？因為佛陀透過般若，也就是從緣起、性空、唯名，來認識所有眾生的所有心念，而通徹一切。所謂的心，是緣起的，也是性空的，所以皆為非心，只不過稱名為心罷了。

須菩提！過去心不可得，現在心不可得，未來心不可得。」

什麼是過去心、現在心、未來心？心是千變萬化、瞬息萬變的。如果你問大家什麼是現在，答案可能會是現在這一個小時，或是現在的今天、現在的今年，甚至是現在的這輩子。所謂的現在，要看是在什麼樣的因緣說現在，因此，現在也是無有定法。

但是，說過去、未來無有定法，我們還可能接受，因為過去已經成為過去，未來還沒到。而現在，我們會覺得現在心，應該是可以抓住的，但實際上是抓不住的，因為性空。想要抓住現在，必須要有因緣來呈現現在或是這一剎那，但是在這個剎那、剎那裡，還能不能再做時間的切割？可以的，還可以不斷地切割，因而所有在時間上流轉的心，都是性空的，所以所有的心都不可得。

唐代的德山宣鑑禪師因精通《金剛經》，被當時人稱為「周金剛」。德山禪師排斥禪宗，認為「直指人心，見性成佛」是魔說，於是用竹擔挑起他註解《金剛經》的《青龍疏鈔》，南下欲和禪僧一較高下。《青龍疏鈔》是用竹簡刻寫，挑起擔來，步履艱難，德山禪師走得又累又餓，正巧看到路邊有位賣點心的老婆婆。想不到老婆婆竟然給他出難題：「我問你一個《金剛經》的問題，如果你答得出來，點心送給你吃；如果答不出來，就別想吃點心。《金剛經》說：『過去心不可得，現在心不可得，未來心不可得，請問你要點哪個心？』」這個老太太可厲害了，直接把德山禪師考倒了，他只好餓著肚子離開。

過去心、現在心、未來心，有哪個心是可以點得著的？全部都點不著，因為所有的心念，都是緣生、緣滅不斷變化而流轉的，都是動態的心，都是快速生滅的心，沒有一個心可以停住，保持不變。這就是因緣法所說的無自性、性空。我們的心，誰也主宰不了，一直在變化，稍縱即逝。現在的一剎那，立刻成為過去，所以心是一直流動而不停息的。

2.福德眾多

「須菩提！於意云何？若有人滿三千大千世界七寶以用布施，是人以是因緣得福多不？」

「如是，世尊！此人以是因緣得福甚多。」

佛陀問須菩提：「如果有人將滿三千大千世界的七寶拿來布施，這個人因為如此因緣，所獲得的福德多不多？」須菩提回答：「當然很多！此人因為這樣的因緣，所獲得的福德甚多！」因為滿三千大千世界的七寶已經多到難以計算，更何況將此拿來當成布施的種子，所結的果報，當然是更不可思議。

「須菩提！若福德有實，如來不說得福德多；以福德無故，如來說得福德多。」

如果福德是實有不變的話，都會是有限有量的，那就不算多；要無限無量才是多。「以福德無故」的「無」，不是說沒有福德的現象，而是說福德是性空的。因為福德的因緣如種子，所能結生的果報，不知是多少倍數。有句話說「一文施捨萬文收」，由於性空，播下種子成熟出來的福德果報，更是多至無量無邊。

山河大地所占的空間夠不夠大？山河大地雖然很廣大，卻還是有量有邊。虛空則是無量無邊，盡虛空界的虛空，沒有邊界。我們說一條線的二維空間，兩頭都是無始無終，沒有邊界，三維空間更是沒有任何邊界。所謂性空，就是宇宙人生間的真理法則，透過真理法則才能夠驗證盡虛空界的真理現象。

3. 身相具足

「須菩提！於意云何？佛可以具足色身見不？」

「不也，世尊！如來不應以具足色身見。何以故？如來說具足色身，即非具足色身，是名具足色身。」

佛陀又問須菩提：「你有什麼看法？可以用圓滿具足的色身來印證佛陀的存在嗎？」

佛陀的化身是具足色身的，我們凡夫之所以要見佛，具有執著成分，想要見佛陀具足色身的一合相。須菩提為破除凡夫的執著，回答時，直接指明具足色身是性空的，是不可執著的，而以否定方式回答。為何如此說呢？依然是從緣起、性空到唯名的順序。當然，佛陀能以化身化現於我們的世界，因為佛陀福慧具足。

具足身相，表示身相莊嚴，但是為破除凡夫執著，佛陀也說：「若以色見我，以音聲求我，是人行邪道，不能見如來。」雖然佛陀住此世間的時候，必然具足色身，但是佛陀的可貴處，不在具足色身的可貴，而在清淨法身的可貴。因為具足色身是緣起的，也是性空的，所以「如來說具足色身，即非具足色身，是名具足色身」，這是《金剛經》標準的句型，依緣起、性空、唯名的順序。

「須菩提！於意云何？如來可以具足諸相見不？」

「不也，世尊！如來不應以具足諸相見。何以故？如來說諸相具足，即非具足，是名諸相具足。」

佛陀接著問須菩提：「可以用圓滿的種種色身形貌來印證佛陀的存在嗎？」須菩提再次否定。不管是具足色身或諸相具足，都是緣起法，都是性空的，不過是假名稱呼，所以名為諸相具足。

所謂的「身相具足」，是講佛陀色身具足的一合相；「諸相具足」則是指三十二相的身相具足。有人會疑惑，為什麼同樣的問題要重複再問？因為指涉的內容不同，佛陀的第一次提問，是指色身具足，因為佛陀累積了宿世的福報因緣、智慧資糧，所以化現於世間，必然身相具足，這是因緣和合的色身具足，是無為顯現，不是刻意安排的，而是眾多因緣和合的果報現象，所以說身相具足。第二次提問，則進一步指出佛陀的一合相，即是諸相具足，是三十二相的諸相具足。

不管是色身具足或諸相具足，都是緣起的，都是性空的，不過就是一種名稱罷了。所以說：「如來說諸相具足，即非諸相具足，是名諸相具足。」千萬不要執著於佛陀的身相具足或諸相具足，當我們能透過緣起來接受性空，自能放下執著，看待所有一切法，不過只是名稱而已。

4. 法音遍滿

「須菩提！汝勿謂如來作是念『我當有所說法』。莫作是念，何以故？若人言『如來有所說法』，即為謗佛，不能解我所說故。須菩提！說法者，無法可說，是名說法。」

佛陀說法是為眾生說法，而非是他自己想要說法，也因為眾生請法，眾生需要佛法，所以佛陀為大眾解惑。

佛陀對須菩提說：「你不要以為我有這樣的想法：『我應當要有所說法。』不要這樣想，為什麼？如果有人認為：『如來有所說法。』這就是誹謗佛陀，因為不能了解佛陀說法的真諦。所謂的說法，其實是沒有實有不變的法可說的，只不過是假名為說法而已。」

佛陀為什麼如是說呢？因為說如來有所說法，就好像佛法是實有不變的、是固定不變的，是佛陀自己想要說的，這就還是有我執的成分，一旦有我執的成分，便不名為如來了，所以這樣說也是謗佛。所謂說法者，無法可說，不是否定說法的現象，而是指出說法本身是性空的，法無定法。

因為性空，所以法無定法。佛陀每一次說法都不同，不同的時候有不同的說法，不同的人來請法，佛陀都是應機說法，觀機逗教，不會給予一模一樣的說法，所以是「無法可說」。不是說沒有法可以說，而是說法是性空的，是不可求、不可得、不可住的法，只是名為說法。唯有這樣，才可能法音遍滿。法音要合乎因緣法，才能超越時間與空間，遍滿盡虛空界。

5. 信眾殊勝

爾時，慧命須菩提白佛言：「世尊！頗有眾生於未來世，聞說是法生信心不？」

佛言：「須菩提！彼非眾生，非不眾生。何以故？須菩提！眾生、眾生者，如來說非眾生，是名眾生。」

為什麼強調「慧命須菩提」？因為須菩提解空第一，具有相當的法身慧命。法身慧命在哪裡？在因緣法中流轉。因而，在此稱他為慧命須菩提（如圖三十一）。

須菩提向佛陀請益：「未來眾生聽聞佛所說的般若法，能生起信心嗎？」

圖三十一：凡聖生死流轉所依的色身與法身不同

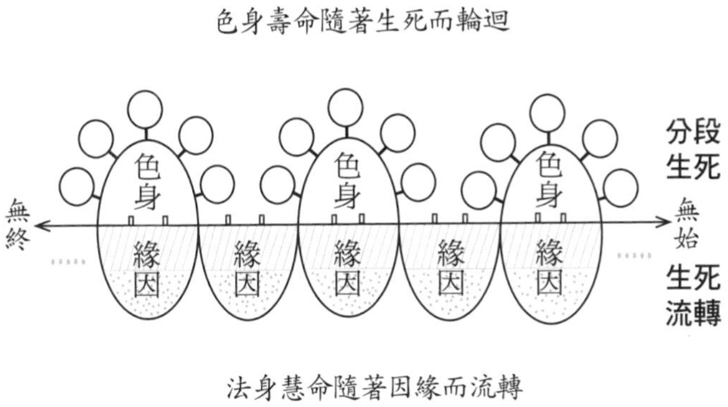

佛陀回答：「彼非眾生，非不眾生。」這是說所有的眾生，都是緣起而有，無有定法的。

「眾生」是指一般眾生，「非眾生」則是說一般眾生是性空的，所以無有定法。一般眾生是指看起來缺少善根因緣的眾生，但依然是可變可化的眾生。「不眾生」是說「不是一般的眾生」，也就是異於一般眾生，是特別具有善根因緣的眾生，就算一時之間不懂般若法，卻還能生起信心的眾生，這可不是一般普通的眾生。「非不眾生」是說「不是一般的眾生」也是性空的，也是隨時變化的眾生，所以沒有任何實有不變的眾生（如圖三十二）。

圖三十二：中道不二

彼非眾生，非不眾生

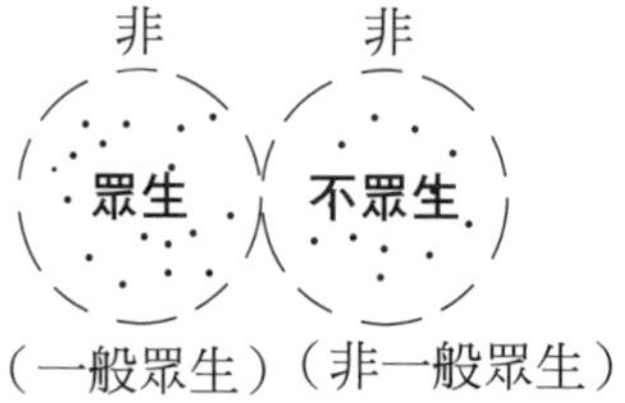

一般眾生可能變得有善根，有善根的眾生也會退失善根，完全平等地對待。因此，眾生都是性空的，都不是不變的。

一般的普通眾生，因為善根因緣不足，連佛法都不容易懂，而一旦不懂，就不容易接受，不但無法生信心，甚至會誹謗佛法。如果有善根因緣，就會知道自己之所以聽不懂佛法，是學習能力不足，而非佛法不好。此時，對於困惑不解的法義，應採取保留的態度，雖然不明白，但是願意繼續學習，慢慢地就會懂了。本來我們的學習都是從不懂開始的，能夠正確學習，只要不放棄，學久了，自然就會懂了。

如同佛陀當時說法，並非所有的佛弟子們都能夠聽懂，但是因為看到與會者當中智慧第一或解空第一的弟子，他們都能夠聽懂般若，並且能夠接受，而自己雖然因能力不足，聽不懂般若，至少願意試著繼續學習。所以佛陀說法的現場，尤其是說般若法，會有請法的當機者，比如智慧第一的舍利弗或解空第一的須菩提，他們都起著領頭的作用，並且也是佛陀的助教，在日常生活裡協助僧團師兄弟們理解佛法。

「彼非眾生，非不眾生」，不管是一般眾生，或者具善根因緣的非一般眾生，全是性空的、平等性的，都不是不可變化的，佛陀一律平等對待。為什麼這麼說呢？「眾生」之所以稱為「眾生」，因為眾生是性空的，所以「如來說非眾生」，所謂眾生，只不過名相稱為眾生而已。佛陀對所有的眾生完全沒有任何一絲一毫的執著，完全清淨無染，能等視眾生如他的兒子羅睺羅。

6.正覺圓成

須菩提白佛言：「世尊！佛得阿耨多羅三藐三菩提，為無所得耶？」

佛言：「如是，如是！須菩提！我於阿耨多羅三藐三菩提乃至無有少法可得，是名阿耨多羅三藐三菩提。」

須菩提請教佛陀：「佛陀達於阿耨多羅三藐三菩提，其實也就是沒有得到阿耨多羅三藐三菩提嗎？」佛陀說確實如此，是無所得的。

所有成佛者達到阿耨多羅三藐三菩提佛果，是透過三大阿僧祇劫修行菩薩道的過程，各有各的因緣，成佛的過程都是性空的，過程中樣樣都是不可得、不可求、不可住的，所以是無有少法可得，沒有任何一絲絲微少法能夠得的，也就是沒有任何法可得的意思，所謂佛果，不過只是名相稱為阿耨多羅三藐三菩提而已。

佛陀之所以成就佛果，是因為達於阿耨多羅三藐三菩提果位，但是阿耨多羅三藐三菩提是性空的，是無法可得的，不過只是名為阿耨多羅三藐三菩提而已。

「復次，須菩提！是法平等，無有高下，是名阿耨多羅三藐三菩提；以無我、無人、無眾生、無壽者，修一切善法，則得阿耨多羅三藐三菩提。

阿耨多羅三藐三菩提是成佛所圓證的法，是體驗到盡虛空、遍法界的究竟清淨真理法則現象的現前。真理現象具有完全平等相的特質，是平等平等相的現前，完全平等才會清淨無染。我們凡夫因為第七、八識帶著與生俱有的雜染，所以看到的現象都會有所差別，要能把心擺平，雜染才會消失。凡夫無法證得真理現象的平等相現前，所以要從真理法則的平等性下手，也就是空性，空性來自般若智慧的「緣起性空」法則。真理現象是法平等相現前，是無有高下的，沒有任何差別。佛陀關懷所有的眾生，一律平等地去成就所有的眾生，所以是法平等，無有高下，才是真正的成佛，是名阿耨多羅三藐三菩提。

凡夫修行到聖者的境界，即驗證到無我相、無人相、無眾生相、無壽者相，因為照見平等相現前。不是我相、人相、眾生相、壽者相等這些相都消失了，而是這些相都平等了。凡夫所見的我相、人相、眾生相、壽者相，都有相當大的差別相，換句話說，我們之所以是凡夫，就是還沒有見到我相、人相、眾生相、壽者相的平等相。

若有一天，我們真的見到了眾生的平等相現前，就表示已超凡入聖，但是真正的聖者，不會自我宣稱：「我已經超凡入聖了！」因為聖者對於所證的境界已是言語道斷、平等相的如實現前，是無法透過語言說清楚、道明白的，更不需要去和別人說。有些人在修行上有一點小成就，明明沒見到勝境也假說見到，以此顯異惑

圖三十三：究竟菩提正覺圓成

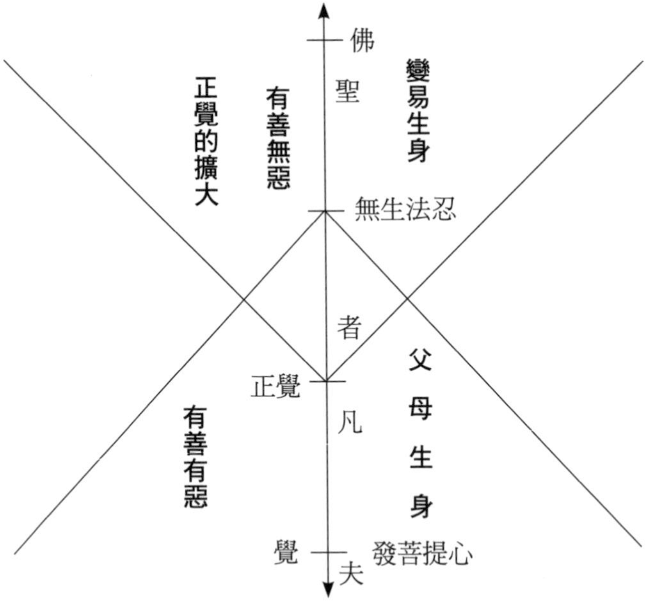

眾，假裝自己比別人更有修行，希望別人來崇拜自己，這是犯了大妄語罪。

佛陀之所以能達於阿耨多羅三藐三菩提果位，就是以非常平等平等的心來修一切善法，來利益一切眾生，因為平等，才能周遍。我們因為心不平等，所以都局限在自己執著的範圍裡，這該怎麼辨呢？可以透過性空打破界限，以平等心去周遍、去擴展所關懷的世界，將能達於聖者的正覺。讓正覺的本質，在量上擴大到盡虛空界，達於成佛的圓滿成就（如圖三十三）。

有位居士原以為自己只能做個家庭主婦，每天煮一家四口的飯，就忙不過來了，自從來道場，發心當香積菩薩後，想不到竟然能餵飽十人、五十人、一百人，甚至遇到大活動，多達兩、三百人也不成問題，她十分驚訝自己竟然有如此大的本事。如果這位菩薩自我設限，認為人太多做不來，以此推辭，恐怕練就不出現在的一身好本事。

由此可知，我們修行不要小看了自己，透過心量的擴大，就能打破能力的局限，成長自我。廣結善緣，既是修福報的泉源，也是鍛鍊智慧的機會。透過性空的般若智慧，放下自性妄執，向上提昇修行果位，利益眾生，更是生命流轉的價值與意義。

> 須菩提！所言善法者，如來說即非善法，是名善法。」

一切法都是緣起性空的，善法也不例外，而我們凡夫放不下自性妄執，所修的善法難免是雜染的，但是善法還是很可貴的。又因為善法是性空的，所以有時我們會把握不住善法，而起煩惱。我們的善惡念頭，經常就在一念之差，所以起煩惱的時候，要趕緊提起善法；平時養成念佛的習慣，也是非常好的方法，不忘念佛的心，就是善念。

擁有正確知見是很重要的，因為善法本身是性空的，不是抓了一個善念，就可以安心地住於善念。當我們想抓住一念佛號時，就開始起煩惱了，因為不一定抓得住。有人問：「為什麼我念佛時，雜念會那麼多？」其實我們平日多是雜念妄想紛飛，只是念佛時，有了善念和雜念的對照組，才發現佛號的善念一直被煩惱干擾著。就像我們去尋寶，一直想抓「寶可夢」，看起來似乎有相，卻是性空的，不過名為「寶可夢」，其實一切現象都是虛妄的。我們看到的這些現象好像明明存在，卻不是真實不變的存在。佛法所說的實有，必須是不變的，但是因緣法否定不變、獨存與實有主宰的自性，透過性空而覺行一切法，這正是正覺的擴大。從聖者自證的正覺、覺他，到覺行圓滿，都須不斷地累積福德與智慧的資糧，才能成就圓證正覺法身的成佛功德。

「須菩提！若三千大千世界中所有諸須彌山王，如是等七寶聚，有人持用布施；若人以此《般若波羅蜜經》，乃至四句偈等，受持、讀誦、為他人說，於前福德百分不及一，百千萬億分，乃至算數、譬喻所不能及。」

如果三千大千世界所有諸須彌山王，都充滿了七寶，而以這所有的七寶統統拿來布施，所得的福德果報，將大到無可比擬。但是如果有人將《金剛經》經文，即使只是其中的四句偈，拿來受持讀誦，或為他人解說，這和前面所說的所有須彌山王布施所有七寶的福德相互比較，更是多到不可勝數，有形的七寶功德，僅為此福德百分之一、百千萬億分之一，甚至無限無量分之一都不能及。

也就是說，能受持讀誦《金剛經》，或為他人解說的福德，是無法計量的，因為讀誦或為他人解說的功德是無形無相的，尤其透過性空，更可以發展到盡虛空、遍法界，才是真正的無限大。即使是所有須彌山王布施所有珍寶，還是有限有量，透過現象來看，我們能想像是很驚人的數量，但只要具有現象，就會有邊際、就有局限。而般若「緣起性空」的智慧是沒有邊際，而且是盡未來際，乃至於造就未來的佛陀，可以說是「諸佛之母」。

佛陀圓證圓滿的功德之後，示現化身事業，所以佛陀所要度化的對象還是凡夫眾生。佛陀的清淨法身只有佛與佛之間的「自受用」；佛陀的圓滿報身，能夠讓登初地的聖賢菩薩與菩薩摩訶薩來受用，稱為「他受用」，所以佛陀的圓滿報身，是初地到十地的菩薩所被機，都能受用。而對於凡夫，佛陀就用化身的方式，來讓我們初地之前的眾生受用，與我們共業，共住於世間，才有教導我們的因緣，讓我們受用佛陀的智慧與慈悲。因此，佛陀出世，一樣是透過父母生身，示現修行、成道、轉法輪、入滅的種種現象。而佛陀的色身化現的時間是有限的，所留下的法身常存，則能超越時空，恆久地讓後世眾生能正確地學習佛法。

（二）示現化身事業

佛陀的化身事業，是專門度化凡夫眾，以所現的化身相，在這個大千世界說無我相。佛陀教導我們最核心的思想，就是性空、無我。

佛陀為什麼誕生在印度？因為印度的文化背景。印度民族早在佛陀出世的時代，即思考生死解脫的問題。當時的印度有多達九十六種外道，為求解脫生死，很多外道提出大我、神我、梵我、真我等主張，但無論是哪種我，都還是有我，只有佛陀提出無我，才是解脫之道。無我是佛陀不共於所有宗教的最大不同點，佛陀教化凡夫眾生的修行核心，即是說無我教。

1. 化凡夫眾

「須菩提！於意云何？汝等勿謂如來作是念：『我當度眾生。』須菩提！莫作是念。何以故？實無有眾生如來度者，若有眾生如來度者，如來則有我、人、眾生、壽者。

佛陀向須菩提說：「你們不要以為如來我有這樣的念頭：『我當度化眾生。』」接著又說：「須菩提！千萬不要以為佛陀有這種念頭，為什麼呢？因為實際上如來所度化的眾生，都是性空，不可得的，並不存在實有不變的眾生；如果如來認為度化了實有不變的眾生，那還是存有自性妄執，也就不是如來了。」

佛陀度化眾生時，雖然明明有度化眾生的相，但是這些相都是性空的，所以說實無有相。「實無」是在講這些眾生是性空的，因為眾生的度化，因緣是很複雜的。有的人很容易度進來，有的人不容易度進來；有的人度進來之後又跑出去，有的人出去了又跑回來，是一直不斷地變動的。諸法皆空，因緣本身就是不斷地排列組合，不斷地物以類聚，而因緣和因緣之間，也在不斷地互相影響。

「若有眾生如來度者」，如果真有實有不變的眾生來讓如來度化的話，就代表如來對我、人、眾生、壽者仍執著相上的差別，也就不是如來了。

須菩提！如來說有我者，則非有我，而凡夫之人以為有我。

「如來說有我者，則非有我」，當然在生活中，如來也難免會說「我」如何如何，就如同我們平常說我想要如何如何，這只是一種方便說，總不能說「無我」如何如何，若是這樣說，其他人是聽不懂的。

舉例來說，大家肚子餓了的時候會說：「我餓了。」而不說：「無我餓了。」

如果以甚深義來說，確實應該講「無我」，但日常生活中，還是會說「我」，那是一種方便說、簡單說。所以「如來說有我者，則非有我」，說的是生活現象的我，也是緣起現象的我，但是就甚深的涵義「性空」來講，還是無我的，即使是佛陀在日常生活現象上，也不會說無我。所以如來說「有我」是講「相有」，「非有我」是講「性空」。凡夫聽到佛陀這樣講，以為一切法都是有我的，其實那只是方便說、簡單說，不是究竟了義說。究竟了義，還是無我，因為自性本空。

須菩提！凡夫者，如來說則非凡夫，是名凡夫。」

所謂凡夫，即非凡夫。凡夫不是固定不變的凡夫，凡夫也可以透過修行，成為未來的聖者。所以縱然是凡夫，也不要自甘墮落說：「我就永遠只能是個凡夫。」其實我們都有成長的空間，因為性空，表示一切法都是可變可化的。

人是有智慧的，可以做種種的修正與轉化。即使這輩子的生命有限，下輩子還是可以繼續努力，在生生不已的生命之流，不斷地累積福報因緣與智慧資糧。

「如來說有我者，則非有我，是名有我。」這正是緣起、性空、唯名的標準句，這個有我，就是眾緣和合出來的我相，也就是凡夫的一合相。而將「有我」換成「凡夫」：「如來說凡夫者，則非凡夫，是名凡夫。」這也是緣起、性空、唯名的標準句。凡夫也是眾緣和合而生、眾緣離散而滅的凡夫，即是緣起的凡夫。凡夫也是性空的，所以如來說非凡夫，是名凡夫，只不過是名稱上稱為凡夫。

2. 現化身相

佛陀圓證了法身功德之後，就示現化身事業，然後現化身相，也必然是相好莊嚴。

「須菩提！於意云何？可以三十二相觀如來不？」

須菩提言：「如是，如是！以三十二相觀如來。」

縱然我們離佛陀時代遙遠，已經長達兩千五百年，依然能夠獲得佛陀給我們的法身慧命。佛陀所現的化身相，是相好莊嚴的，具足三十二相。

佛陀問須菩提：「能否以三十二相觀如來？」須菩提答覆可以。

佛言：「須菩提！若以三十二相觀如來者，轉輪聖王則是如來。」

須菩提白佛言：「世尊！如我解佛所說義，不應以三十二相觀如來。」

此處所講的是化身，提及化身，就會立刻想到如來是具有三十二相的，所以須菩提覺得可以透過三十二相來觀如來的化身。佛陀又告訴須菩提，如果是以三十二相為標準來觀如來的話，那麼轉輪聖王也是如來，因為同樣具有三十二相。

三十二相是福報相，為什麼轉輪聖王也有三十二相呢？世間福報最大的正報身是帝王身，轉輪聖王即是帝王身，同樣具有三十二相，這是世間的最大福報相。但不能只用外相來看待，也不能只有透過肉眼來看。雖說佛陀福慧圓滿的化身，必然會投身在帝王家，然而佛陀透過累劫宿世的修行圓滿，已是智慧具足、福報圓滿。但轉輪聖王的智慧，則與佛陀相差甚遠。

因此，我們常說塑造佛像，福相容易慧相難。就塑造者本身來說，能型塑到什麼程度，要看塑造者的智慧到什麼程度，一般來說，塑造者無法塑造出比自己智慧更高的佛像。

所以，須菩提就趕緊修正說法：「以我理解佛所說的甚深法義，確實不應以三十二相來觀如來。」為什麼？因為自性本空，佛陀並不是固定不變的三十二相。

由於佛陀的提醒，不應以外相來觀如來，所以須菩提趕緊修正。否則我們看到「如是，如是！以三十二相觀如來。」這句，會覺得不太像是須菩提所說，因為須菩提解空第一，怎麼還會這樣回應？其實須菩提這麼說，是把自己放在一般眾生的程度而答，如此再經佛陀的提點修正，能讓我們對甚深法義的印象更加深刻。

爾時，世尊而說偈言：「若以色見我，以音聲求我，是人行邪道，不能見如來。」

這時候，佛陀說了一組非常重要的四句偈。如果沒辦法受持整部《金剛經》，至少也要能夠受持這四句偈。

雖然佛陀生來色相莊嚴，音聲非常圓滿，法音遍滿於法界，但是佛陀的可貴不在相上莊嚴，也不能透過音聲祈求佛陀的示現，因為色相和音聲都是相，若是執著相，那麼這個人所行的就是邪道，即非正法，一旦偏差，就見不到如來最為可貴的正法了。

如來的可貴在於法身的流轉，這是透過性空因緣法所形成的法身慧命。佛陀的法身慧命，從無始劫以來的過去世就具有，這也表示我們現在雖然是凡夫眾生，一樣具有法身慧命的因緣種子，這是非常可貴的。

「須菩提！汝若作是念：『如來不以具足相故，得阿耨多羅三藐三菩提。』須菩提！莫作是念：『如來不以具足相故，得阿耨多羅三藐三菩提。』」

佛陀對須菩提說：「如果你有這樣的想法：『如來不是以具足三十二妙相的緣故，而得到阿耨多羅三藐三菩提。』請不要這樣想：『如來不是以具足三十二妙相的緣故，而得到阿耨多羅三藐三菩提』。」

佛陀得阿耨多羅三藐三菩提，必然是諸相具足，如果以三十二相來觀如來，那麼轉輪聖王也就是如來，所以不應以三十二相來觀如來。但是有些人會誤以為「佛陀不具足三十二相而成佛」，那也是錯的。因此，佛陀告訴須菩提「莫作是念」，不要這麼想，因為這是錯誤的想法，因為這還是從現象來看。換句話說，如果誤以為佛陀可以不具有三十二相而成佛，那是錯誤的想法。

佛陀具有三十二相，但是因為性空，不應以三十二相來觀如來，所以這裡不是否定三十二相的存在。我們經常誤將否定符號套用於現象上，其實否定符號是講性空。因此，不是否定三十二相的現象，而是指出三十二相是性空的。

「須菩提！汝若作是念：『發阿耨多羅三藐三菩提心者，說諸法斷滅相。』莫作是念。何以故？發阿耨多羅三藐三菩提心者，於法不說斷滅相。」

接著，佛陀提醒須菩提，不要認為發阿耨多羅三藐三菩提心的成佛者，不具有三十二相，如果否定具足相的話，那就是說諸法斷滅相，這就錯了。

性空不是否定現象的存在，就像明明有「我相」，佛法為什麼說「無我」？說無我，不是否定我相的存在。究竟有沒有我相呢？還是有我相，只是這個我相是不斷地變化的，所以究竟地說是無我，而不是沒有「我」這樣的現象。

所謂「發心」，簡單的說法是「發菩提心」，完整的說法是「發阿耨多羅三藐三菩提心」，我們發的是成佛的大心。《金剛經》「方便道」的提問是：「善男子、善女人發阿耨多羅三藐三菩提心，云何應住？云何降伏其心？」真發菩提心者不能對佛法有所誤解，一旦誤解是否定現象的存在，就會成為「說諸法斷滅」，就會讓法傳不下去了。

因為佛法若只是講現象，是無法流傳的，其實是透過因緣才能夠流傳下來。比方從今生流傳到來世，並非根身現象的流轉，而是第七、八識中因緣的流轉。所以發阿耨多羅三藐三菩提心者，於法不說斷滅相，不可以否定三十二相現象的存在。

否定式符號不是否定現象，而是在表達性空和因緣法，也就是因緣的流轉。三十二相雖然很可貴，但是緣生、緣滅的無常相是不可靠的，其實所有一切緣生出來的現象都不可靠，因為終究都會緣滅，若是否定相，就會形成斷滅相。

「須菩提！若菩薩以滿恆河沙等世界七寶持用布施；若復有人知一切法無我，得成於忍，此菩薩勝前菩薩所得功德。何以故？須菩提！以諸菩薩不受福德故。」

佛陀告訴須菩提：「如果有菩薩以滿恆河沙等世界的七寶來做布施，或是有人能夠知一切法無我，而成就法性空慧的確認，這位菩薩所得的功德更勝於前面那位菩薩，為什麼呢？因為這位菩薩不接受福德。」

透過無我能得以成就，是因為於法性的確認。「得成於忍」，就是對法性空慧、性空的確認。「忍」字是確認的意思，是對法性空慧的確認。我們能夠確認是無我，就是對性空的確認。雖然我們還沒證得相空，但是要先確認性空；雖然我是相有，但是確認我是性空的，這是一種深入法性空慧的確認。我們雖然還沒有達於聖者所證的無我相，但在證得之前，自己願意先確認無我性。

用滿恆河沙等世界七寶做布施，這樣的功德是極為廣大的，但是如果能夠有人，知一切法無我而確認，而做法性、性空的確認，他所得的福德更勝於前面布施的功德。為什麼這麼說呢？因為菩薩無所住而生其心，這個心是無所求的心，所以不受福德。因為福德性空，所以不受、不可得，就更不貪著福德，而所得福德就更無限大了。

> 須菩提白佛言：「世尊！云何菩薩不受福德？」
> 「須菩提！菩薩所作福德，不應貪著，是故說不受福德。」

於是，須菩提向佛陀請法：「世尊！為什麼說菩薩不受福德呢？」佛陀回答：「菩薩所造的福德，是不應貪著的，因為菩薩所做的一切從來都是無所求的，故說不受福德。」因為福德不能貪著，不可求、不可住、不可取。長長久久利益眾生而不求回報，才是真正的菩薩。若是希望從利益眾生當中，去獲得任何利益，這就是想受福德；一旦想要受福德，就會貪著福德，想要貪著福德就難以持久，所以菩薩要能不受福德，才是長長久久之計。

不受福德，不表示福德不來，福德反而是自然來的，只是菩薩不貪著福德。能以無所求的心行菩薩道，才是真正的菩薩。果位愈高階的菩薩愈是如此，愈不受福德，福德就更無限無量，這就是善性循環，如同滾雪球般愈滾愈大。

《法華經》提及，無盡意菩薩想要供養觀世音菩薩，然而觀世音菩薩沒有接受，佛陀則勸觀世音菩薩為悲憫眾生要接受供養，觀世音菩薩同意接受後，分為兩份，一份供養多寶佛，另一份供養釋迦佛。因為菩薩摩訶薩不貪著，不受福德，透過性空袪除貪著的雜染。

離福德貪著要離相，透過性空而離相，所以菩薩不會貪著。因為一旦貪著我相、人相、眾生相、壽者相，則不名為菩薩。修無所求、無所住的心，是相好莊嚴福德的來源。

「須菩提！若有人言『如來若來若去、若坐若臥』，是人不解我所說義。何以故？如來者，無所從來，亦無所去，故名如來。」

如來是否有來、有去，有行、住、坐、臥的相？以化身來看，佛有來、有去，有行、住、坐、臥的相，但是如果有人說，如來是有來、有去，有行、住、坐、臥，那又是不理解佛陀所說的甚深涵義。如來化現在世間，看起來好像有緣生與緣滅的現象，但如來是無所從來，亦無所去，因為諸法本空，不來也不去；否定式的符號，都是深入因緣法的。

廣欽老和尚臨終的時候說：「無來也無去，無代誌。」這是很高的境界。「無來無去」真是聖者的境界，凡夫是有來又有去，有很多「代誌」。一直在現象上忙碌，就會覺得有來又有去；因為著相，就會感到非常忙累。

龍樹菩薩在《中論》指出，「八不」是四對「不二」：「不生亦不滅，不常亦不斷，不一亦不異，不來亦不出。」《心經》則講「六不」是三對「不二」：「不生不滅，不垢不淨，不增不減。」無論是八不或是六不，都是在破除我們的自性妄執。

我們要透過因緣法的緣生，才能看到如來出現於世，並透過緣滅，看到如來的入滅，這都是從因緣來看，就是「無所從來，亦無所去」。這就像燭火，火是緣生出來的，火滅了，是因緣離散了，所以問題不在於火從哪裡來、火去哪裡，火的生與滅，不過就是因緣的和合與離散。

佛陀雖然現色身於世間，但是我們不要著相於色身，包括佛陀所現的三十二相，我們一樣不能著於三十二相。佛法不否定這些莊嚴的現象，而是深觀因緣是無所從來，亦無所去。從現象上看，是有來有去、有生有滅、有垢有淨，但是聖者的境界，則是不來不去、不生不滅、不垢不淨，也就是達於生與滅的平等相、垢與淨的平等相、增與減的平等相現前，平等相即是諸法實相。我們雖然還未達於聖者境界，但是應該學習正觀的生命態度，才能夠對聖者的境界愈來愈理解，並愈來愈靠近。

佛陀一樣有父母生身，經由苦行六年的修行探索後，放棄了苦行，深觀因緣的平等性而成道。佛陀說法四十九年後入滅，示現可貴的因緣法「無所從來，亦無所去」，這才是佛陀化身的威儀。我們不要只用肉眼看表相，要學習以慧眼深觀因緣，雖然慧眼還沒打造完成，但是我們至少要懂得去理解、揣摩、想像，而正確的揣摩是要透過文字語言，乃至於觀照。

如果只是在現象上看如來，那就太過於表淺了，要從因緣來看佛的相好和威儀。雖然佛相莊嚴圓滿，但是我們不能執著於肉眼所見的現象，應當以慧眼來觀法性。

3. 處大千界

「須菩提！若善男子、善女人以三千大千世界碎為微塵，於意云何？是微塵眾寧為多不？」

「甚多，世尊！何以故？若是微塵眾實有者，佛則不說是微塵眾。所以者何？佛說微塵眾，則非微塵眾，是名微塵眾。」

佛陀問須菩提說：「如果有人將三千大千世界粉碎為微塵，這樣的微塵是不是很多？」須菩提回答：「確實非常多，但微塵如果是實有的，佛就不會說是微塵眾多，為什麼如此呢？佛陀說微塵眾多，微塵是性空的，不是實有的，只是假名為微塵眾。」

微塵眾是緣起法，會緣生，也會緣滅。黃金、鑽石也是緣生出來的，也會緣滅，只不過存在世間的現象比較長。黃金、鑽石的價格之所以昂貴，也是因為它存在的時間可以長久保值，但是不管再如何長久，時間總是有限，終究也是在離散當中。微塵眾也是如此。如果不是緣起法的話，佛就不會說此為微塵眾。「佛說微塵眾，則非微塵眾，是名微塵眾。」所有一切微塵，無一不是緣起、性空、唯名。只要有現象，都是緣生出來，也會緣滅。任何的現象，都是緣起、性空、唯名而已。般若系又稱為性空唯名系，這個唯名，只是方便溝通的方式，而且要能精確溝通，透過文字會比較方便。

世尊！如來所說三千大千世界，則非世界，是名世界。何以故？若世界實有者，則是一合相。如來說一合相，則非一合相，是名一合相。」

三千大千世界是緣起的，也是性空的，只不過它名為世界。如果說世界是實有的話，會以為是一合相。透過一合相，我們以為它實有，其實如來說一合相，則非一合相，是名一合相。眾緣和合出來的一種現象，便是一合相，但也會眾緣離散，所以一合相是性空的，只不過是名稱為一合相而已。

「須菩提！一合相者，則是不可說，但凡夫之人貪著其事。」

一合相不可說，就是在講性空。因為是性空的，所以不可取、不可著、不可求。

我們每個人都是一合相，是五蘊和合出來的一合相，是眾緣和合出來的一合相，也會隨眾緣離散而消失。我們的生命既是一合相，便不可能固定不變，可是人都想要長生不老，都貪生怕死，愈是聖者就愈不怕死，不怕是因為證得實相。

每個人都會現每個人不同的世界，這都是唯識所變現出來的世界。我們所說的世界，也是因緣和合與離散，各現各的世界，包括我們所現的世界，就如同一合相一般。我們的正報和依報也都是一合相，都是果報體，是因緣和合起來的一合相。佛陀的這些說法，就是性空的無我教。

4. 說無我教

「須菩提！若人言『佛說我見、人見、眾生見、壽者見』，須菩提！於意云何？是人解我所說義不？」

「不也，世尊！是人不解如來所說義。何以故？世尊說我見、人見、眾生見、壽者見，即非我見、人見、眾生見、壽者見，是名我見、人見、眾生見、壽者見。」

佛陀問須菩提，如果有人說「佛說我見、人見、眾生見、壽者見」，這樣的人是否了解佛說法的真義？須菩提否定此說，認為這樣的人沒有明白佛所說的道理，因為佛說我見、人見、眾生見、壽者見，都不是實有不變的，只是假名為我見、人見、眾生見、壽者見。

我見、人見、眾生見、壽者見都是性空的緣起法，正因為性空，所有一切相都可變可化，我們才有修行的機會，修正自己的知見與行為，逐漸放下我見、人見、眾生見、壽者見。由於性空，一切都不可得、不可取，乃至非法、非非法，都不過只是名稱，稱為我見、人見、眾生見、壽者見。

佛陀教導我們的核心觀念是無我。凡夫都是從有我出發，從第七識的俱生我執看待一切法，需要慢慢地調伏。人難免會有得失心，其實好與壞都沒有關係，盡力而為就好，沒有絕對的好和壞，如有好和壞的分別，就會落入二邊。好與壞都是因緣所成，只問耕耘，不問收穫，隨緣盡分就好，這也是一種無我教的深觀因緣。

（三）勸發奉持

方便道的勸發奉持，主要落在勝義諦上，不同於般若道所說，往往還在世俗法中。方便道和般若道兩者高度不同，所達到的境界自然不同。方便道的勝義諦，境界較高，般若道則仍在低處，即容易著相的凡夫世俗中。因此，勸發奉持的要求，自然也有高標準與低標準的差異。

1. 應如是知見信解

「須菩提！發阿耨多羅三藐三菩提心者，於一切法，應如是知，如是見，如是信解，不生法相。須菩提！所言法相者，如來說即非法相，是名法相。」

發阿耨多羅三藐三菩提心者，要成就成佛的大願心，必須行菩薩道。佛陀對須菩提說：「發阿耨多羅三藐三菩提心的人，對於一切現象應該要這樣認知，這樣看待，這樣信仰理解，不執著法相。所謂法相，如來說法相，即非法相，只是假名為法相。」

行菩薩道，對於法相要不生執著，因為法相是性空的。所謂「放下自性妄執」，放下不是放棄。放下是很理性的，放棄則往往是感性的，因為實在已經不耐煩，所以直接放棄不管了。人在放棄時，有沒有情緒？有情緒。反觀放下，則是沒有情緒，是經過理智思考清楚後，放下自性妄執。「不生法相」，是因為我們明白法相是緣生和緣滅的無常相。既然無常，為什麼要執著它？就像人和人間的緣分，緣生的時候要珍惜，緣滅的時候也不要太悲傷，因為這是自然的現象。所以透過性空來面對人生，反而是積極珍惜當下聚合的因緣，而不是消極地放棄一切。

為什麼佛陀說法相即非法相？我們看到現象的緣生是緣起法，所以將來必定緣滅。名相能讓我們有所依據，幫助我們思考，但不能執著。不生法相，是不對法相執著，應該透過因緣的知見信解，才能夠離相，放下對相的執著。

奉持《金剛經》要懂得離相，這是奉持的行相。如何離相？還是透過緣起而性空，從緣起看到表相，從性空深入法性。

2. 應如是受持誦說

「須菩提！若有人以滿無量阿僧祇世界七寶持用布施，若有善男子、善女人發菩提心者，持於此經乃至四句偈等，受持、讀誦、為人演說，其福勝彼。

佛陀對須菩提說，如果有人以滿無量阿僧祇世界的七寶拿來布施，是有大福德的。但是如果有善男子、善女人發菩提心，持誦這部經典，乃至受持其中的四句偈，或是讀誦、或是為人演說，這樣的福德則都勝過前者所布施的福德。

佛陀教導我們的智慧是法性空慧，雖然無形無相，卻是存在的。我們不要以為「相有」才是存在的，其實「性空」才更是存在，而且它是沉潛的，有點像能量本身看不見，卻有功能和影響力。比如種下善因善緣，就是注入正念能量。我們要多滋養正面能量，少一些負面能量。什麼是負面能量？惡因惡緣、邪知邪見。什麼是正面能量？善因善緣、正知正見。正知正見要能深入法性空慧，才能正覺圓滿。

云何為人演說？不取於相，如如不動。何以故？」

雖然為人演說，但是要不取相，不求果報。如果取相，這個相本身是結果，現象是果報；不求果報，只是盡量為人解說。為什麼如此說？心能放下妄執而如如不動，是因為這所有一切相都是無常相，所以不取於相。

能不取於相而如如不動，這是中道不二。不管對方是否受影響，該勸說的時候還是要說。勸說時，也不執著對方一定要改變，就是所謂的「不落二邊」。毀譽不動心，順逆皆精進，不管對方改變與否，我們都能夠很精進地為人解說而不求回報，才能夠達到中道不二的如如不動。

涅槃的境界是平等平等，看起來非常寂靜，實則是動態的。像極靜止的流水，流水是動的，但是涅槃因為平等不二，所以感受是很寂靜的。能夠如如不動，主要是因為不取於相，不取於相而平等平等，呈現出如如不動的寂靜相。

「一切有為法，如夢幻泡影，如露亦如電，應作如是觀。」

為何說「一切有為法，如夢幻泡影，如露亦如電，應作如是觀」？我們能夠抓住這些夢幻泡影、露水、閃電的相嗎？抓不住的，因為隨時都在變化，無時不刻都在緣生、緣滅中。

夢幻泡影、露水、閃電的變化速度快，我們比較容易想像。其實變化速度慢的桌子、椅子、房子，也是如露亦如電，只是物質現象的變化時間較長，使我們誤以為這些物質現象是不動的，其實還是會變動的。因緣法非常平等，平等到看起來是不動的。所謂的不動，是不再去執著，因為不取於相，才能夠如如不動，不執著才能夠讓心寂靜。雖然凡夫的心無法不動，但是放下執著可減少一些波動。

我們的心，本來起伏很大，透過修行會漸漸地調伏，在成佛的道路上，心會愈來愈平靜，主要是因為善觀有為法的無常相，放下自性妄執，所以應作如是觀。

佛說是經已，長老須菩提及諸比丘、比丘尼、優婆塞、優婆夷，一切世間天、人、阿修羅，聞佛所說，皆大歡喜，信受奉行。

至此，本經進入最後的流通分，流通分的內容往往都很簡短。佛陀說完這部經以後，除了應機者的長老須菩提，還有比丘、比丘尼、優婆塞、優婆夷等四眾弟子，以及一切世間天、人、阿修羅等善道眾生，聞佛所說，皆大歡喜，信受奉行。

為什麼皆大歡喜？因為深入因緣，放下了自性妄執的包袱。人生有很多的包袱，都來自自性妄執。我們歷經千辛萬苦一路走來，人生的包袱愈背愈多，背到都彎腰駝背了，卻始終不願放下。結果聽聞般若經典之後，發現包袱是妄執的心，輕輕一戳，包袱就像針戳破氣球，消失不見了，終於可以無事一身輕。原來只要放下執著，生命就可以海闊天空自在行。

為什麼聽聞般若經典，會讓人有法喜的感覺？因為這是正法，是佛陀所說最核心的正法寶藏——真理法則。依法修行，能讓我們放下自性妄執的包袱，輕鬆自在，所以與會大眾聽後皆大歡喜，並且信受奉行。

我們今生不論貧富貴賤、聰明魯鈍，透過佛陀的開示，將明白這些果報都是自已過去世的因緣業力所造成，與其怨天尤人，不如歡喜接受。一切都可以從現在為人生轉捩點，既往不咎，以無所住、無所求於結果的心，只管努力耕耘善因善緣，也就是「只問耕耘，不問收穫」。不論處身於順境或逆境，都「隨順因緣，克盡本分」，保持正面的想法與作法，必能善因緣，產生正面能量，福報自會現前。福報來自善因善緣的成熟，智慧來自放下自性妄執，向善修福報，向上修智慧，生命的高度將可節節攀高。

學習《金剛經》，以般若將煩惱轉為智慧，能鍛鍊出金剛心。或許此生仍降伏不了著相的煩惱，惡因惡緣如荊棘般障礙重重，但我們至少已發了菩提心，之後只要堅定不退轉，即能以金剛心披荊斬棘地持續前進，般若將如金剛鑽一般明快、銳利，斬斷一切煩惱，度過生命的苦厄！金剛心即是佛心，從發菩提心到結菩提果，縱然要經歷三大阿僧祇劫，只要能行走在佛道上，步步都是與佛同行，終能圓成佛道！

智慧人 53

踏上成佛之道——金剛經講記

Setting Foot on the Path to Buddhahood:
Commentary on the Diamond Sutra

著者	釋寬謙
出版	法鼓文化
總監	釋果賢
總編輯	陳重光
編輯	張晴
封面設計	化外設計
內頁美編	小工
地址	臺北市北投區公館路186號5樓
電話	(02)2893-4646
傳真	(02)2896-0731
網址	http://www.ddc.com.tw
E-mail	market@ddc.com.tw
讀者服務專線	(02)2896-1600
初版一刷	2023年11月
初版二刷	2024年2月
建議售價	新臺幣360元
郵撥帳號	50013371
戶名	財團法人法鼓山文教基金會—法鼓文化
北美經銷處	紐約東初禪寺 Chan Meditation Center (New York, USA) Tel: (718)592-6593　E-mail: chancenter@gmail.com

法鼓文化

國家圖書館出版品預行編目資料

踏上成佛之道：金剛經講記 / 釋寬謙著. -- 初版. -- 臺北市：法鼓文化, 2023.11
面；　公分
ISBN 978-626-7345-09-2 (平裝)

1. CST: 般若部

221.44　　112015634